더 가벼워야 할 당신의 삶을 위한

부적 레시피

— 차 례 —

| 추 천 사 | —— 004

| 시작하며 | —— 008

| 부적의 재료들 | —— 012

1 —— 쉽게 읽혀 질 부적 에세이 —— 020

2 —— 태어나서 —— 028

3 —— '나'란 존재 —— 048

4 —— 가족이란 이름으로 —— 080

5 —— 세상 밖으로 —— 114

6 —— 연애, 결혼 그리고 이혼 —— 158

7 —— 새로운 시작, 죽음 —— 190

8 —— 마치며 —— 224

── 추천사 ──

  다분히 속된 호기심으로 원고를 받아들었다. 이 책을 집어든 당신의 내심에도 그런 엿보기 욕망이 있었을 것이다. 무당이 풀어놓는 부적에 관한 이야기라니! 가벼운 흥밋거리로 읽어가던 며칠은 그러나 죽비 같은 반성과 성찰의 시간이 되었다.

  그는 온 마음으로 고통을 받아내고 온몸으로 그들을 아파하는구나. 그 바탕 위에서 다시 성심과 성의로 부적을 짓는구나. 그 지극함과 극진함이 나를 때린다. 부적을 내리는 마음이란 시쓰기와도 같구나. 시인의 노릇이라는 것 또한 세상의 아픔을 내 것처럼 앓고 시로써 입 없는 자들의 목소리가 되어주는 것이거늘. 나의 시심이란 그의 신심만큼 치열하고 지극했던가.

  당신 것과 꼭 닮은, 삶에서 한두 번쯤 맞닥뜨리게 되는 누구나의 갈등과 상처들. 그런 사연들에 대한 작가 이안의 깊은 헤아림과 부적 처방을 대하며 나의 지나간 번민과 생채기까지도 어루만져지는 기분이 들었다.

  게다가 샛노란 바탕에 새빨간 선들이 뿜어내는 기운과 조형미란! 이런 류의 부적을 나는 지금껏 본 적이 없다. 디자인을 모르는 나의 어둔 눈에도 오묘하게 조화롭고 힘차게 아름다워서 나는 자꾸만 그것이 탐이 나는 것이다. 한 편의 시이고 한 장의 타이포그라피이고 우리 마음의 상형문자이다. 그리고 간절한 기도문이다.

하여 효험을 차치하고라도 그 간곡한 아름다움 때문에 내 방에 걸어두고 싶은 것이다. 그러면 나를 자빠뜨리러 운명이 예비한 돌부리와 장벽과 절벽 앞에서도 나는 괜히 든든해질 것 같다. 짐짓 호기로울 수도 있을 것 같다. 그래, 어디 한번 해 보시지!

시인 허은실

추천사

  기억이 나지 않을 만큼 아주 먼 옛날부터 우리 주변에는 지금의 현실이 조금이라도 나아지기를, 그리고 풍족하기를 바라는 염원을 담아 각기 종교나 민속신앙의 힘을 빌려 스스로의 안녕을 염원하였었다.

"비나이다, 비나이다"

  우리의 일상생활에서, 또는 사극 드라마 속 장면을 통해서라도 정화수를 떠 놓고 가지런히 두 손을 모아 간절하게 가족의 행복과 마을의 안녕을 기원하는 이 말을 한 번쯤은 들어보았을 것이다. 주문과도 같은 이 말을 되뇌며 스스로의 소원을 간절히 기도하는 방법이 있는가 하면, 길운의 상징과도 같은 물건을 장신구로 또는 염원을 도식화한 부적으로 몸에 지니고 다니는 등 다양한 방법으로 각자의 삶이 가벼워질 수 있는 최적의 방식을 찾았었다.
  이 책의 만신, 이안은 학문적 연구와 실재하는 개인의 경험을 바탕으로 독자적인 구도의 부적을 만들어 내며 보통의 사람들의 무거운 삶이 가벼워지기를 바라왔다. 이안의 부적은 기존에 현재하는 보통의 부적들과는 같은 듯 다른 매력을 지니고 있다. 현존하는 부적들의 형식은 유지하되 사연자들이 어떤 상황을 마주하고 있는지 어떻게 상황을 지혜롭게 헤쳐나갈 수 있을지에 대한 만신의 염원까지 담아 어디에서도 볼 수 없는 독자적인 특징을 보여주고 있다. 처음 각기 다른 사연이 깃든 그의 부적을 마주했을 때, 이안 특유의 선과 필체를 통하여 자연스레 사연자들의 이야기들이 머릿속에 자연스럽게 그려지는 듯한 느낌을 받을 수 있을 것이다. 20대 사회 초년생 사연자가 앞으로 전진하며 훨훨 날아가길 바라는, 항상 내가 아닌 다른 누군가를 위해 소원을 빌던 내담자의 출산 기원을 위한 부적에 이르기까지 이안만의 "부적 레시피"를 보여주고 있다. 맛있는 음식을 만들기 위해서는 각 음식마다의 적정 레시피가 존재하듯이 이 책에서는 보통의 사람들은 생각하기 어려운 신의 영역과 인간의 영역을 이어주는 이안만의 '부적 레시피'를 통하여 모두의 삶이 조금이라도 가벼워질 수 있는 염원을 보여주고 있다.

내 삶이 힘들거나, 내 주변의 아픔으로부터, 그리고 삶의 무게에서 벗어나고 싶을 때 이 책을 가벼이 읽을 수 있었으면 한다. 그동안 베일에 가려져 있다시피 했던 만신의 눈으로 바라본 세상 사람들의 이야기와 이안만의 상징적인 부적 레시피 작품들을 통해 오늘의 삶을 사는 그대들의 삶이 조금은 치유되었으면 한다.

큐레이터 이정원

―― 시작하며 ――

"수리수리 마하수리 수수리 사바하"

어디선가 들어본 말입니까. 코믹 판타지 극이나 어린이극에서 마법사가 지팡이를 눈앞에서 뱅글뱅글 돌리며 하는 이 비밀의 언어. 주로 "수리수리 마하수리 얍!"이 전체 문장입니다. 어쩌면 요즘 아이들에게는 '아브라카다브라'가 더 익숙할지도 모르겠습니다. '아브라카다브라'는 하늘의 에너지를 사람들에게 집중시켜 '내가 말한 대로 될지어다', 라는 의미를 가지고 있다 합니다. 동서양 비밀의 언어, 마법의 언어입니다.

부처의 말씀은 고대 인도어인 산스크리트어로 기록되었습니다. 이 경전이 전해져 한자로 번역될 때 부처의 가르침 즉, 소리 자체를 중요시 여긴 탓에 산스크리트어 발음을 한자 그대로 옮겼습니다. 그리고 이를 주문처럼 외우고 전하였습니다.

불교에서는 부처의 가르침을 담은 '다라니'라 불리는 '주문'을 부적처럼 몸에 지녔으며 탑과 불상이나 무덤 안에 모시면 모두 평안해진다고 믿었습니다. 그리고 다라니를 외우거나 지니는 것만으로도 안락을 얻을 수 있다고 여겼습니다. 이를 '수구(隨求)다라니'라 하고 '수리수리 마하수리 수수리 사바하'도 그렇습니다. 풀이하면 '부처님, 부처님, 지극한 부처님 잘 이루어지도록 하소서'

'성취하소서' 정도로 볼 수 있고 '일체의 바라는 바를 모두 얻으리라'는 의미로 쓰입니다. 무려 바라는 바, 모두 얻을 수 있는 주문입니다.

거기 더해, 「천수경」등 여러 불경에서는 '수리수리 마하수리 수수리 사바하'를 세 번 연거푸 외우는 것으로 입으로 짓는 모든 업을 씻는다고 합니다.

그런데 불교는 '절대신'에 의지하는 종교가 아니고 스스로 깨달음을 얻어 부처가 되는 종교입니다. 만약 무언가 기대하며 지니고 외우고, 그 기대에 맞게 스스로 행동하고 노력해서, 소원이 이루어졌다면 다라니의 힘이다, 아니다를 논하는 게 큰 의미가 있을까요. 다라니는 존재만으로도 그 역할을 다한 것입니다.

어떤 형태로든 인간의 경험은 부인할 수 없을 정도로 현실적입니다. 특히 이를 믿고 따르는 사람들에게는 '사실'이 됩니다. 그런 의미에서 예로부터 전해 내려오는 부적들이 있습니다. 불교, 도교의 경우 부적들을 소개한 책도 시중에 많습니다. 이는 오랜 기간을 통해 전해지며 효능이 인증된 처방들과 비슷합니다.

이 책의 만신, 이안은 신과 인간 사이에서의 소통과, 학문적 연구를 통해 새로운 부적을 그려내고 받습니다. 발원문과는 달리 부적은 시각적 특성이 강한 탓에 매우 상징적이고 은유적입니다. 보는 사람마다 똑같은 느낌으로 읽히지도 않을 것이지만 그렇게 읽을 필요도 없습니다. 전문가적 시각이 필요 없습니다. 기도의 힘, 그러니까 "이루어진다"고 믿고 의지하고 지니면 그만입니다. 이처럼 말이 글이 되고 또 상징이 부적으로 옮겨가는 방식은 상당히 자연스러워 보입니다.

 이안의 부적은 그 힘과 더불어 현대적 조형미를 갖췄다는 점에서 상당히 흥미롭습니다. 예술이 문화를 경험하는 물질적 방법이고, 다양한 예술적 표현은 사물이 존재하는 방식에 대한 인간의 독자적 개념에서 비롯된다[*]는 점에서, 이안의 부적은 또 다른 의미의 예술적 경험이 될 것입니다.

 이 책 『부적 레시피』는 실제 만신의 삶과, 부적과 관련된 이야기들을 다루고 있습니다. 일반인이 알기 어려웠던 만신의 마음속 깊은 이야기들과, 평소 궁금했던 무속에 관한 질문들 또, 실제 상담 사례와 그에 대한 만신의 답을 싣고, 우리가 일생을 살면서 겪어볼 법한 상황에 맞추어 신과 사례자의 소통을 통해 받아 올린 부적을 담았기에 자신의 상황에 대입해 보실 수도 있습니다.

 그리고 중간중간 현대 우리 언어에 스며있는 새로운 의미의 부

---

[*] Geertz, Clifford. "Art as a Cultural System." MLN, vol. 91, no. 6, 1976, pp. 1473–1499.

적을 소개합니다.

끝으로 좋은 레시피들은 독특한 쉐프의 킥이나 비법 소스를 기록하지만, 요리는 결국 재료의 조화와 정성이라는 것을 우리는 잘 알고 있습니다. 이는 여기 소개하고자 하는 당신을 위한 부적과 닮았습니다.

더해 이 책의 부제 "더 가벼워야 할 당신의 삶을 위해"는 그런 의미에서 부적을 갖고 싶은 이들의 희망이기도 하지만 만신의 희망이기도 합니다. 당장 이까지 읽은 독자분은 자기도 의식하지 못하는 사이 수리수리, 하고 세 번 연거푸 읽으셔서 만신의 작은 희망을 함께 나누셨습니다.

가벼이 들어 가벼이 읽는 가운데 여러분들이 가벼워질 수 있는 책이기를 바랍니다.

편집자 김 혁

부적의 재료들

　부적에 쓰는 재료로는 괴황지, 경면주사, 산초기름, 붓 등이 있습니다.

　부적을 산호, 호박, 옥에 새겨 평생 지니기도 했었고 나무나 돌에 새기기도 하고 금이나 은을 다양하게 제조하여 새기기도 합니다. 그중에서 우리가 쉽게 떠올리는 부적은 경면주사로 노란 종이에다 그린 것입니다. 새해나 절기에 단골에게서 받아오는 노란 부적을 지갑에 한 번쯤 지녀 보거나, 특히 입춘에 절에서 써준 '입춘대길' 부적을 받아오시던 집안 어른에 대한 기억이 있을 법도 합니다.

　종이에다 쓴 부적은 그 휴대성이나 편리성, 그리고 경제성을 고려한 합리적인 이유로 "지닐 수 있는 크기의 종이에 내린 부적"으로 대중화되었고 이를 기반으로 몸에 지닐 수 있을 뿐만 아니라 다양한 장소와 용도에 맞는 종이 부적이 보편화되었습니다. 부적을 쓰는 데 필요한 재료는 다음과 같습니다.

종이

주로 노란색의 괴황지를 쓰지만 괴황지를 만드는 과정에서 완전히 탈색된 하얀 종이에 어떤 색깔을 첨가하느냐에 따라 등황색이나 미색, 노란색 종이로 나눠지며 이는 부적의 종류에 따라 다르게 쓰입니다. 하지만 노란색은 오행 중에서 중앙을 의미하는 색이며 황제나 임금을 뜻하기도 합니다. 괴황지의 회나무 괴(槐)자는 나무 木과 귀신 鬼로 만들어진 글자라, 귀신 쫓는 나무라 불리며 궁궐에 심기도 했습니다. 최근에는 인공색소로 물들인 노란색 한지를 많이 사용합니다.

경면주사

부적의 그림이나 글씨는 귀신이 가장 무서워하는 재료로 쓴다고 합니다. 이런 재료로는 붉은 팥, 숯, 청솔가지, 경면주사 등이 있는데 대표적인 것이 경면주사입니다.

경면주사는 거울처럼 반짝이는 붉은 모래라는 뜻으로 황화수은이 주 물질입니다. 단단한 돌의 모양을 가졌습니다. 단순히 말하면 황과 수은이 만난 광물입니다. 수은은 금속이면서 액체 상태의 물질로 음양의 기운 중에서 극음의 대표적 물질입니다. 황은 양의 물체 중 극양의 물질로 특유의 향을 지닙니다. 즉, 두 극의 물질이 자연 상태에서 화학적 결합을 통해 만들어진 것이 경면주사라고 할 수 있습니다.

경면주사는 세계적으로도 나는 곳이 많지 않고 무역이 제한되

어 금, 은의 가격과 비견됩니다. 예전에는 궁궐이나 사찰의 단청에 섞어 사용했는데 벌레가 생기지 않고 수맥이 차단된다고 알려져 있기도 합니다. 음양의 조화를 통해 탄생한 까닭에 음기의 대표적 기운인 귀신을 쫓는 데 사용하거나 놀라거나 두려운 마음에 생긴 병을 진정시키는 약재로도 쓰였습니다. 최근에는 경면주사를 구하기 힘들어져서 부적에 붉은색 일반 안료를 사용하는 이들도 많다고 들었습니다.

기름

부적을 쓰기 위해 경면주사 가루를 기름에 개어서 사용합니다. 이때 사용하는 기름으로 산초기름을 사용하기도 하고 들기름·콩기름 등을 사용하기도 합니다. 산초기름의 경우 시간이 지나면 산패되기도 하고 수급이 쉽지 않아서 사용이 많이 줄었지만 그럼에

도 축귀나 벽사의 부적을 내릴 때는 산초기름의 부적을 선호합니다. 저 같은 경우, 여러 이유로 해바라기유를 사용합니다. 귀신들이 들기름과 참기름 향을 좋아하기 때문에 부적을 쓰는 데에 애매한 지점이 있습니다. 해바라기유를 선호하는 이유는 무향 무취이고 경면주사와 잘 개어지고 양(陽)의 기운이 가득 담겨 있기 때문입니다. 한편으로 만물상에서는 '부적 전용 기름'을 팔기도 합니다. 경면주사를 구하기 힘들거나 경면주사로 쓴다 해도 더 붉은색을 강조하기 위해 붉은색 원료를 첨가한 기름을 팔기도 하는데 주로 인공적인 특유의 향을 담아, 우리가 상상하는 부적에 더욱 가깝게 해줍니다.

붓

주로 몸에 지니고 다니는 용도의 부적을 쓰기 위해서는 세(가는) 붓을 사용합니다. 하지만 크기가 있는 부를 내리거나, 쓰는 이의 취향에 따라 붓의 크기는 달라집니다.

벼루, 먹

 부적의 용도나 쓰임에 따라 괴황지가 서예지가 될 수 있고 먹으로 쓸 수도 있습니다. 이때는 잘 갈아놓은 먹물을 사기도 하지만, 그래도 정성이 전부라고 생각한다면, 열심히 벼루에 먹을 갈아 써야 한다고 생각합니다.

1

쉽게 읽혀 질 부적 에세이

더 가벼워야 할 당신의 삶을 위한
부적 레시피

1. 쉽게 읽혀 질 부적 에세이

　앞으로 보실 부적과 그와 함께한 이야기에 앞서 '부적이 뭐길래' 이렇게 두꺼운 책에 담아낸 걸까, 부적과 사람들의 이야기라니, 하는 궁금증을 가지셨을지도 모르겠습니다. 궁금증이 풀리기를 바라는 마음으로 한 자 한 자 적어 내려가 봅니다.

　부적(符籍)은 부절(符節)과 문서(文書)를 결합한, 신비한 힘이 깃든 그림과 글씨를 말합니다. 돌이나 거울을 쪼개어 나중에 맞춰보면 서로 딱 맞는 모양을 부절이라고 하니 부적은 '믿음의 징표'라고도 할 수 있죠. 부적은 동서고금, 여러 문명과 신앙을 막론하고 인간이 사는 '사회' 안에서는 언제나 존재했습니다. 종이가 개발되기 이전에는 나무나 돌에, 이후에는 주로 종이에다 썼습니다. 성스럽게 여기는 재료로 '원하는 무엇을 이루기 위해 특정한 상징, 혹은 기호를 새겨 넣은 것'입니다. 우리는 몸을 보호하기 위해 부적을 몸에 지니거나, 성스럽지 못한 장소에 부적을 두고 정화를 위한 목적으로 사용하기도 합니다.

  동학농민운동 당시 농민들은 무기를 준비하며, 한편으로는 손이나 옷에 부적을 그려 전쟁에 참여했다고 하는데 그 부적이 아직도 전해 내려옵니다. 농민들은 강력한 나라와 외세의 군대를 상대로 싸워야 했습니다. 그들은 신성한 기운을 담고 있는 기호와 상징의 힘을 빌어서라도 죽음의 공포를 떨쳐 내고 나아가고자 한 것입니다.

  부적은 불안감으로 도저히 잠들지 못한 나를 넘어서, 지금보다 좀 더 나은 삶을 향한 '바람'을 새겨 넣은 종교와 신앙 그리고 기호학의 바탕에 둔 인류의 찬란한 문화유산일 것입니다.

  서양에도 부적 있을까요? 예, 있습니다. 다만 노란색 괴황지나 한지 위에 쓴 빨간색 물감 혹은 경면주사가 아닐 뿐이지요. '넌(Noun)' 혹은 '눈'이라고 불리는 것인데 돌에다 기호를 적어 넣고 그것으로 점을 보기도 하고 몸에 지니고 다니며 호신 용도로 쓰기도 합니다. 넓은 의미에서 기독교의 십자가 또한 성스러움을 은유하고 있는 부적의 한 종류일 것입니다. 부적은 불교, 혹은 무속의 전유물이 아닙니다.

  일상에서 보는 부적의 이미지는 매우 강렬합니다. 복잡한 상징과 기호들, 노랗고 빨간 색의 매력적 조합, 경면주사 특유의 향은 알 수 없는 긴장감을 줍니다. 한 장 한 장씩 차곡차곡 접으면 제법 두툼해서 지갑을 불룩하게도 하지요. 우리 역사에서 최치원이 사람들의 안녕과 복을 빌기 위해 쓴 '만세적갑부'나 위의 동학운동에서 쓰인 부적은 고유한 부적으로 볼 수 있지만 실재, 중국을 통해 전해진 도교와 불교에 연원을 둔 부적이 주를 이룹니다. 하지만 중국이나 홍콩, 대만을 가보면 우리와 비슷한 부적보다는 사원이나 우연히 들른 밥집, 혹은 생각지 못한 대형 호텔 로비 같은 데서 그들 특유의 부적을 발견하게 됩니다. 맥락을 같이한 부적이라도 문화의 혼종 속에서 나라와 지역에 따라 토착화되었기 때문입니다.

한국에서는 부적의 재료를 중요하게 여깁니다. 노란색 종이와 경면주사의 경우, 노란색을 중요하게 여기는 이유는 음양오행의 이론에서 노란색은 중앙을 상징하기 때문입니다. 이 세상의 한가운데 존재하는 최고 혹은 이 성스러운 부적을 지니는 이를 상징하고, 이로써 부적의 효력을 극대화하기를 바라는 마음입니다.

동남아시아에서 부적은 보통 일반 흰색 종이나 붉은 종이에 볼펜으로 그리고 이를 코팅해서 자동차나 상점에 붙여 놓은 것이 대부분입니다. 처음엔 적잖은 문화충격을 받았지요. 하지만 다시 생각해 보면, 항상 비가 오거나 종잡을 수 없는 날씨인 까닭에 코팅은 말 그대로 '신의 한 수', 게다가 각 동남아시아의 역사를 조금 이해하고 나면 더욱 고개가 끄덕여집니다. 동남아시아 고유의 문화와 중국 문화가 충돌하고 이후 서구 식민지로써 서양 문화가 깊숙이 배인, 말 그대로 문화의 혼종이 새 전통을 만들어 내 지금의 볼펜으로 쓰인 부적이 존재할 수 있었겠지요. 기호와 상징이 지니는 의미를 더 중요하게 생각할 뿐만 아니라 써준 자와 지니는 자의

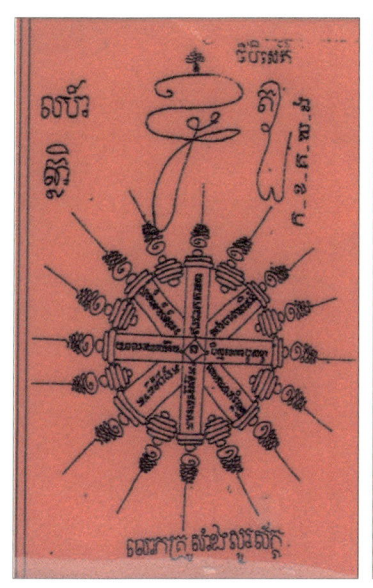 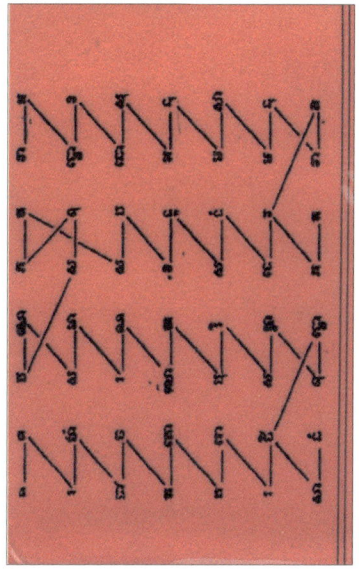

자세를 부적의 재료보다 더 중요하게 여기는 점이 흥미롭습니다.

경면주사는 한약의 재료로 쓰이는 붉은 돌가루의 일종인데 한국에서는 나오지 않기에 전량을 수입하지만, 그것도 정식수입이 아니라 중국의 보따리상 혹은 밀수에 가까운 경로로 들여옵니다. 경면주사가 매우 비싸고 구하기도 쉽지 않기 때문에 경면주사를 대신해 붉은 물감으로 쓰면서 극소수의 무속인이나 스님들은 이를 쉬쉬하며 두 손에 쥐여 주고선 절대 열어 보지 마라, 열어 보면 효험이 없어진다는 등의 마뜩잖은 당부나 주문을 합니다. 하지만 제 견해로는 정말 그 수많은 의미의 부적들 중에서 매우 소수만이 열어 볼 '필요성이 없는' 것뿐이지 굳이 보지 말아야 할 이유는 없다고 봅니다.

　부적을 받아서 지니는 자들이 진심으로, 나은 삶을 위한 기원이 이루어짐을 확신하고 이를 지닌다면 물감이든 경면주사든 재료가 무슨 상관이겠습니까? 게다가 부적을 써 주는 이가 의뢰한 이의 절절함을 이해하고 혼신을 다해 제작하고, 의뢰한 자를 위해 성스러운 힘 혹은 기운이 담긴 상징에 나은 삶을 기원하며 그려 넣는 다면 소위 말하는 부적의 효험은 이미 시작되고 있을 것입니다.

　위와 같은 이야기를 하는 것은 동서고금을 막론하고 부적은 '성스러움'과 '밝고 맑은 기운'을 바탕에 두고 있지, 알 수 없는 미지의 감정과 'weird(기이한)'한 감정을 일으키지는 않는다는 것입니다. 하지만 지금 우리나라에서 부적이라는 의미가 종종 부정적 감정과 연관돼 각인되고 있다는 것이 아쉽습니다.

　그러면, 그 수없이 많은 종류의 부적들을 제작하는 자들은 그 형상을 다 외울까요? 아닙니다! 부적을 모아 둔 책이 존재합니다. 도교와 불교 그리고 한국 역사 속에서 여러 이들이 제작한 부적들을 모아놓은 책이 있습니다. 그래서 대부분 스님이나 무속인 혹은 역술인들이 이 책을 통해서 부적을 제작하고 있습니다. 다만, 또 다른 하나는 '신부'라고 해서 부적을 의뢰자에 맞게 부적 책에 나와 있지 않은 상징으로, 독립적으로 제작하기도 하는데, 말 그대로 '신이 내려준 부'로 해석합니다.

　부적을 쓰는 입장에서 할 말이 너무 많지만 부적의 이야기를 짧

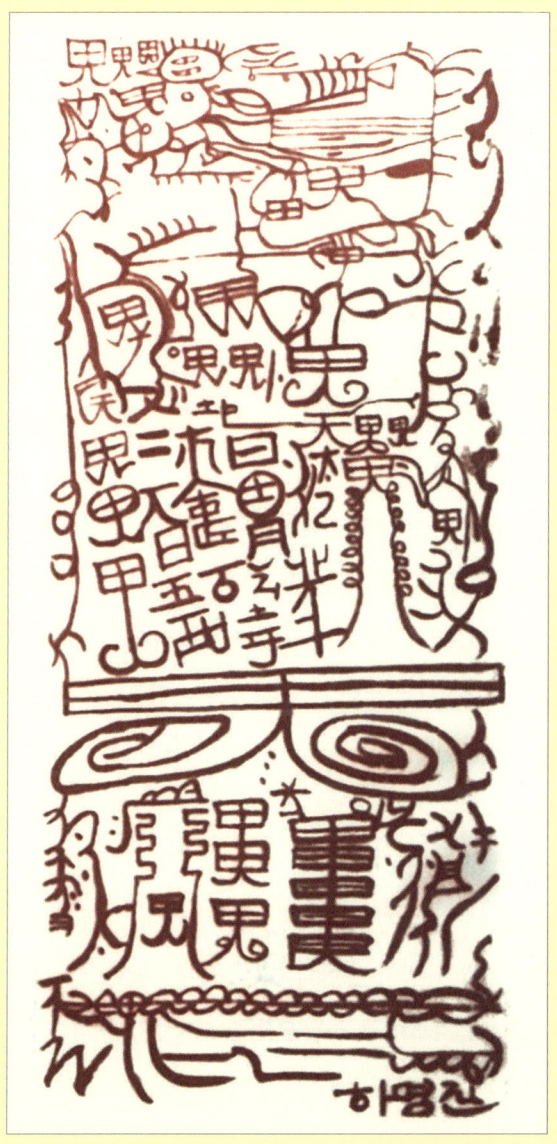

적갑부 | 최치원*

게나마 해보았습니다. 마지막으로 다시 한번 여러분과 함께 곱씹고 싶은 점은 부적이 왜 존재해야 하는가, 입니다. 부적은 보다 나은 삶을 위한 한 '방편'이라는 것과 그 삶을 절절히 원하는 이들에게 앞으로 좋아질 삶을 살 수 있을 거라는 약속을 닮은 '희망의 문서'라는 것입니다.

여러분께서도 부적을 대할 때 그 이상도, 이하도 아니길 바랍니다. 고가의 부적이 더 영험을 발휘하지도 않을 것이고, 절대 열어 보지 말아야 하는 기묘한 느낌에, 뭔가 떨떠름한 느낌을 주는 부적 또한 더 나은 부적이 아닐 것입니다.

적절한 여러분의 판단으로 밝고 맑은 성스러운 느낌의 부적을 만난다면 지녀 보시고 혹은 집에 둬 보세요. 어렸을 적 벽면을 장식한 내가 사랑한 청춘스타의 포스터나 인생 영화의 포스터와 같이, 혹은 내 마음을 안정시켜 주던 어느 작가의 그림을 걸어 두듯이.

―――――――

* 최치원은 도사였다고 합니다. 신라시대 최치원이 어린 시절 당나라 유학 중에 정부 관리를 대신해서 「토황소격문」(황소를 토벌함)을 썼는데 그 느낌이 얼마나 강렬했는지 반란군의 수괴 '황소'가 그걸 읽다가 자리에서 충격으로 굴러떨어졌답니다. 그리고 최치원이 썼다는 적갑부(赤甲符)는 부적 중 효능이 갑이라는 만사형통부입니다.

2

태어나서

더 가벼워야 할 당신의 삶을 위한
부적 레시피

2. 태어나서

앞으로 말할 이야기들은 만신의 역할로 오랜 시간 동안 겪어온 저의 경험에 바탕을 두고 있기에 다른 만신과 다른 무속의 종사자와 의견이 다를 수 있음을 미리 밝힙니다.

> 궁금했어요
> 좋은 사주를 받아 아이를 낳고 싶어요.

타고난 생년일시에 따라 사는 게 달라진다면 얼마나 많은 이들이 억울할까, 싶습니다.

'태양사주'가 좋다고 하는데 왜 이렇게 살까요, 대통령 사주라는데 왜 이러고 살까요, 라는 질문을 많이 받습니다. 저는 이렇게 대답해 드립니다. 아무리 좋은 사주를 가지고 태어났다고 하더라도 그 결과가 같은 것은 아니며, 그 사람이 타고난 주변의 환경과 그 사주를 지지하고 받쳐줄 부모나 자라온 다양한 상황에 따라 사주의 발현은 다르게 된다고 봅니다.

참고로 저희 가족이나 지인의 경우 제왕 절개를 했을 때, 따로 생년일시를 뽑아서 이날 이 시간이 좋다고 지정해 주지 않습니다. 말 그대로 인간이 개입하지 않고 태어나도 진심으로 우리 아이가 혹은 조카가 잘되길 바라는 마음이 전부입니다. 생년월일을 여기저기서 뽑는 그 정성 가득한 마음으로, 태어날 아이와 함께 하고자 하는 다짐이 끝없이 지속된다면 어떤 날이나 시를 받고 태어나든 그 아이는 잘 자랄 수 있다고 봅니다.

> **궁금했어요**
> 아이의 이름이 중요한가요?

아이의 이름은 매우 중요하다고 봅니다. 하지만 여기 작은 함정이 있습니다.

작명학의 역사는 어김없이 일제강점기, 일본인들의 만행의 역사에 기초합니다. 한때 우리가 원치 않게 일본의 속국으로 살아낸 적이 있습니다. 그 당시 '한국을 침략한 일본제국'은 조선 문화 말살이 가장 빠른 민족 말살의 길임을 알았습니다. 조선을 일본신민으로 편입하는 유용한 방법들을 자행했습니다. 친족 중심인 조선의 공동체를 허물고 천황 중심 공동체로 바꾸어, 충성을 맹세시키기 위해 가장 먼저 단행한 것이 창씨개명입니다. 이것으로 생겨난 곳이 작명소나 작명원이 아닌 '철학원'이었습니다.

　창씨개명 이전의 조선의 이름이 본관을 통해 자신의 뿌리를 알려주고, 항렬을 사용해 친족간의 관계를 보여주며 이름 한자(漢字)가 가진 뜻을 중요시하였다면 성명학의 여러 이론 중, '쿠마사키 켄오우'가 펼친 '수리 성명학'이 당시 유행하고 위세를 떨치고 있었기 때문에 조선인들은 원하든 원치 않든 이 방식으로 이름을 지었다고 합니다. 광복 이후 지금까지도 이 쿠마사키의 수리 성명학이 성명학의 원조격으로 한국사회에서 맹위를 떨치고 있습니다. 켄오우의 성명학은 4개의 한자를 여러 방식으로 숫자로 바꾸어 그 숫자의 조합의 합으로 초·중·말년의 운을 점치고, 전체적으로 이름이 좋은지 안 좋은지를 판단 합니다.

　일본의 '81수리작명법'이 일본에서 명성있는 쇼군들의 이름 획수를 더한 숫자를 길(吉)이라고 하고, 단명한 쇼군들의 이름 획수를 더한 숫자를 흉(凶)이라고 하는 방식임을 알면 허탈하기도 합니다. 백번 양보해 이론상 잘 맞다 쳐도 이 수리 성명학은 4자 한자의 이름을 지닌 일본식 이름에는 적당할 수 있지만 3자의 이름을 쓰는 한국 사회에도 고민 없이 적합하다 하긴 어렵습니다. 4개의 이름을 넣는 첫 번째 자리에 한 일(一)자를 임의로 넣고 길하다 흉하다를 뽑아내기도 합니다. 여러분의 자녀들 그리고 우리가 지어온 이름이 그 바탕으로 지어졌다는 사실을 알면 많이 억울하지만, 어느 정도 규모의 경제를 이루고 있는 성명학의 시장에 누가

반기를 들고 이런 이야기를 할 수 있을까요.

최근에는 다행히 수리 성명학 말고도 다른 여러 이론으로 연구가 이루어지고 있고, 수리 성명학에서 벗어나 각자의 이론적 체계를 만들어 이름을 짓는 작명가 선생님들도 계십니다. 그러므로 이름을 철학원에서 짓는다는 게 무조건 황망하거나 의미 없는 일은 아닙니다.

평소 저는 하명진이란 이름이나 '하도사'로 불립니다. 제 새로운 이름은 '이안'입니다. 수리 성명학으로는 어떤 수를 써도 대흉(大凶)하다고 합니다. 타고난 이름이 있지만 그것은 부모님 그리고 조상님이 주신 좋은 이름으로 간직하고, 이안은 제가 작명한 이름입니다. 개명한 이유는 이름은 불리기 쉬워야 한다는 생각과, 해외 활동에 있어서 많은 외국인들이 제 이름을 어려워했기 때문입니다. '이안'은 흔치 않은 이름이라 많이들 한번에 기억해 주십니다. 개명 이후에도 전과 다름없이 저는 진심 잘 지내고 있습니다. '대흉'인데도 말이죠.

한편으로 우리에게는 좋은 우리나라만이 가지고 있는 글자가 있습니다. 바로 '한글'입니다. 수리성명학으로 100년 가까이 이름을 지어와도 우리가 좋다고 믿어 좋은 이름이라 느끼고 잘 살았습니다. 그렇다면 들어서 바로 이름의 의도를 알아들을 수 있게 한글로 이름을 짓는 것도 좋은 방법이 아닐까, 싶습니다.

막 이름을 짓고 구청에 신고하신 부모님들, 너무 억울해 마십시오. 수리성명학이 한국사회에서 대세이긴 하지만 내 아이의 이름은 새로운 이론을 연구한 작명가에 의해 지어진 것일 수도 있습니다. 중요한 것은 '내가 좋으면 그만'이란 걸, 잊지 마세요. 제가 대흉의 이안을 이름으로 쓰듯이요. 아이가 어느 정도 자란 다음 자신의 이름을 스스로 선택할 기회를 주는 것도 또 다른 대안이라는 생각이 들기도 합니다.

삼신할매 점지 레시피

내 친구 숙이가 아이를 가질 차례입니다.

잉태부

이제는 내 친구 숙이가 아이를 가질 차례입니다. 삼신할매가, 지앙(지양)할매가 정하게 움직여 우리 숙이에게 만큼은 더없이 좋은 아이를 점지해 줄 차례일 것입니다. 이건 만신과 단골네의 이야기가 아닙니다. 이것은 인간과 인간의 관계에서 내 친구 숙이를 위해 머리를 조아리며 삼신할머니께 올리는 편지입니다.

"선생님 편하게 저희 집에 놀러 오세요"

"아, 사장님 우리 언제 밥 한 끼 하시죠"
"도사님 따로 개인 연락처 주시면 안 될까요?"
"동네도 가까운데 우리 동네 친구 할까요?"

　많은 사람들이 친구 맺기를 원하고 저도 그런 말들이 너무나 감사할 따름입니다. 시작이 언제였었는지 기억도 나지 않을 몇십 년의 세월 동안, 무당으로서 만신으로서 지내온 나는 이 말들이 또 가슴 한편에 덜 익은 씀바귀를 먹은 후 물을 마시고 싶은 마음으로 자리하기도 합니다.
　저는 친구라는 것이, 서로 격조 없이 지낼 수 있는, 어떤 관계에서도 동등할 때 가능하다고 봅니다. 그 동등이란 것이 큰 것도 아닐 것 같습니다. 같은 관심사와 서로를 인간 대 인간으로 받아들일 수 있는 마음가짐이 아닐까 합니다.
　아쉽게도 어렸을 때부터 이 일을 해왔고 유난히 낯을 많이 가리고, 남들에게 쉽게 말하지 못할 일들을 겪은 나에겐 친구라는 게 그렇게 쉽지는 않습니다.
　그들이 필요로 했을 때 저는 존재했습니다. 어느 직군이든지 당연히 그렇습니다. 그런데 사람들은 무당은 마치 자기 삶을 다 꿰뚫어 보고, 모든 것을 다 알 것이라 믿고, 또 말하지 않아도 다 알아 주리라, 자신들이 원하든 원치 않든 그것에 도움을 받는다고 생각합니다. 이런 생각을 전제로 친구가 된다는 것은 저에게는 단지 만신으로서 일의 연장입니다.

그래서 저는 친구가 없습니다.

같은 동네여서 또래와 친하게도 지내 봤지만 그 집안 일의 대소사를 처리해야 했고, 우연히 놀러 간 집에서는 그 집안의 영가를 달래줘야 했습니다. 밥 한 끼를 하면서 사업적 거래에 조언을 해야 했습니다. 개인 연락처를 주면 100퍼센트 결국엔 점사를 밤낮없이 보게 됩니다.

그럼에도 저는 친구가 한 명 있습니다.

저는 숙이를 어떻게 만났는지 모르겠지만 숙이는 또렷이 기억하더라고요. 세상에서 가장 힘들었던 일들을 무사히 정리하고 그리고 나서 몇 년을 찾아, 제게 왔다 합니다. 여전히 전 기억이, 사실 나지 않습니다.

숙이란 존재를 알게 된 건 항상 올 때마다 똑같은 떡집의 떡을 아주 소담스럽게, 절대 과하지 않고 넘치지도 않게 늘 무명천으로 된 보자기에 싸서 들고 왔기 때문입니다. 그 떡을 싼 보자기가 정말로 유용했습니다. 목을 많이 쓰는 직업이라. 항상 목에 스카프를 하든가 손수건을 둘러서 목이 잠기지 않게 보호합니다. 하지만 손수건은 너무 짧고 스카프는 너무 길어 이래저래 자다가 목이 쫄려서 잠을 깨기도 합니다. 하지만 숙이의 떡 보자기는 내 목둘레 사이즈와 '안성맞춤' 이었습니다.

그제서야 숙이가 보였습니다. 삼 년도 넘게 저에게 찾아 왔지만, 점 볼 때의 손님 이상으로는 기억하지 못했다는 사실. 개인적으로 맺어질 수 있는 모든 인간관계는 다 차단해 버리는 내가 처음으로 눈이 열렸습니다.

어느 날 저 먼 데서 숙이가 또 왔습니다. 지금 생각해 보면 매번 같습니다. 장녀로서 항상 가족을 먼저 물어보았습니다. 부모님을 다 물어보면 그다음엔 여자 동생, 남자 동생 이렇게 물어보고 항상 자신의 이야기는 점사가 끝나갈 무렵 겨우 말 꺼내기가 일쑤입니다. 언젠가 이런 숙이에게 물은 적이 있습니다. "내가 중심을 잡고 바로 서야 내 주변이 바로 서죠, 정말 많은 가능성을 가지고 있고 남들이 뭐라 해도 사업을 하게 될 테고 좋은 배필을 만날 겁니다. 그러니 자신을 먼저 물어보면 어때요?" 숙이의 눈가가 촉촉해집니다. 질문에 대한 숙이의 화답입니다.

어색한 상황에 말을 바꿉니다. 겨울이었던 것 같습니다. 목에 맨 광목천 보자기를 보여주며 "숙이샘이 준 선물이에요!", 했지만 어리둥절해 합니다. 저는 동여맨 광목천 보자기를 목에서 풀고서 누구를 떡 공양을 올렸든 간에 이렇게 정성을 올리는 그 마음을 광목천으로 인해서 이제야 알게 되었다고, 그 전에 알지 못해서

미안하다고 말합니다,

 아무리 점만 보고 간 분들이라 할지라도 축송과 축원을 해주고 일 년 동안 기도문을 올려놓고 나중에 내립니다. 무작정 돈을 쓰게 하고 싶지 않은 마음에, 제물을 사오는 걸 제가 그리 좋아하지 않습니다. 정말 필요하면 점사가 끝나면 그때 올리라고 하는 게 제 방식이라 이렇게 조용히 먼저 제물을 올리는 숙이를 알아채는 데 시간이 걸렸는지도 모르겠습니다.

 숙이는 5년째도, 7년째도, 10년째도 내가 안부를 묻기 전에 점사를 보러 옵니다. 숙이가 여동생의 공무원 시험 기도를 맡기고, 만신은 젤 소중한 기물에 부적을 써서 그 동생에게 보내고 2년을 넘게 기도를 해서 또 한 고비를 넘깁니다. 귀한 남자 막내 동생의 입시에 온 힘을 다해 함께 기도 합니다. 재수 없이 대학에 한 번에 들어가게 되었습니다. 그러는 사이 숙이에겐 좋은 남자친구가 생기고 결혼까지 하게 되었습니다,

 점사를 보는 그 시간 이외에 나도 숙이도 항상 말이 없었습니다. 대화를 나누어 본 적도 없습니다. 그러다 캄보디아에서 살게 된 어느 날 해 질 무렵, 숙이의 결혼식이 다가오는 때였습니다. 그때, 숙이 생각을 하다 깨달은 게 있습니다. 저는 지난 몇 년간 스케줄러를 살펴보았습니다. 그리고 또 더, 오래오래 날짜를 거슬러 올라가 봤습니다. 스케줄을 보며 많이 울었습니다. 둔한 숙이는 본인도 몰랐을 것입니다. 남에게 흠을 보여주고 싶어 하지 않는 나도, 마찬

가지로 내비치지도 않았을 것입니다. 그럼에도 숙이는 항상 힘든 시기에 그리고 꾸준히, 일이 있든 없든 그렇게 떡을 싼 보자기를 들고서 항상 내가 모시는 신령님뿐만 아니라 이 세상의 모든 신령님께 올렸습니다. 그리고 항상 티 내지 않고, 남들 몰래 어떤 때는 손을 모았고 어떤 때는 절을 했습니다. 숙이는 내가 모시는 신들뿐만 아니라 이 세상의 모든 존재에 감사했습니다, 그리고 제가 제발 행복하기를 자기 가족이 행복하기만큼 기원했습니다.

저를 만신이기 전에 한 존재로 받아들여 줬다는 것을 그전에 알았다손 치더라도 이제야 눈으로 확인한 내가 너무 바보 같아 많이 울었습니다. 숙이의 결혼식에 차마 갈 용기를 못 냈습니다. 아프다는 핑계였지만 무당이 스몰웨딩에 등장해 혹시나 입방에 오를까 봐 그게 제일 걱정되었습니다. 꼴랑, 진심, 몇 푼 되지도 않는 축의금을 보내고선 명부에 이름 쓰지 말고, 너가 따로 쓰라는 약속을 받아내며, 선생님 저 정말 시집가네요! 라 울먹이던 말에 함께 울던 나와 우리 숙이.

이제는 숙이가 임신할 시기가 왔다고 합니다. 당연히 건강하고 좋은 아이가 숙이에게 오겠지요. 첫 남자아이를 낳은 옷을 구해 봅니다. 아들 딱 하나만 낳아 정말 남들이 부러워할 만하게 키워낸, 숙이를 응원하는 또 다른 선생님이 선뜻 당신의 속옷을 내줍니다. 이런 거 혹시 필요하지 않냐고, 그분도 아셨나 봅니다. 나를 항상 인간 대 인간으로 봐왔고 그래서 내가 만신이기 전에 한 인간으로, 내 가진 재능으로 그녀의 가임을 도와주고 싶어 하는 마음인 것을 말입니다. 가만히 있어도 좋은 아이를 임신할 것임을 확신함에도 제가 인간 대 인간으로 무언가를 해주고 싶은 마음. 선물해 주고 싶은 마음 말입니다. 남들이 웃어도 좋습니다. 이것은 마치 남산에 열쇠를 묶어 놓고 우리 서로 사랑 변치 말자, 하는 맹세와 다를 바 없고, 미혹된 신앙이라 치부해도 좋습니다.

하지만 그 숙이가 십오 년 넘는 세월 동안 보여준 그 자세, 그 마음. 한결같이 나를 만신이자 동시에 나도 인간임을, 나도 분리하지 못한 나를 분리해서 봐줬던 그녀에게 이제는 단 십분의 일이라도 갚고 싶습니다.

그래서 하루하루 매일 정히 마음을 먹고 붓을 듭니다. 오늘도 또 이렇게 정안수를 뜨고 부적을 써내려 가며 빌고 또 빕니다.

> 이 땅의 모든 삼신할매와 함께 내 육천전안 삼천진중, 삼천전안 육천진중의 삼신할매 앞장서셔서 우리, 숙이의 조상님과 사부님의 조상님의 삼신할매와 합의 받아 좋은 사내아기 점지해 주십시오.

* 만신이란

만신은 한자를 빌려 '萬神'이라 쓰기도 하는데, 만 가지 신을 섬기는 사람이라는 의미로써 보통 여자 무당을 높여서 부르는 말입니다. 만신이란 단어는 굿판에서 자주 등장합니다. 만신말명이라하면 무당을 뜻하는 만신과 조상을 의미하는 말명이 합쳐진 것입니다.

간혹 무당이 스스로를 칭하여 '기자'라 하기도 하는데 이는 '기도하는 사람'이란 의미로 만신의 영검함을 제거하고 단지 기도하는 자로 부르는 것으로 낮춰 칭하는 것입니다. 그리고 '단골', '단골네'라는 명칭도 '당골', 무당골에서 유래한 것입니다.

근간에는 무당, 만신보다 무속인(巫俗人)이라는 표현을 사용하기도 합니다. 하지만 무속인은 무당을 비롯하여 무업을 돕는 사람들까지 통칭하는 말로 사용되기에 딱 맞는 표현은 아닙니다.

* 삼신할매(지앙님) 그녀는 누구인가

아기를 점지하고 산육을 관장한다는 신으로 산신·삼신할머니·삼승할망·지양할매, 지앙님으로 불립니다. 여신의 이미지로 할머니의 할머니이기 전에, 한 어머니, 그러니까 '큰 어머니'라는 뜻으로 보면 됩니다. 무속인들이 할머니 할아버지를 찾을 때 한 어머니와, 한 아버지 큰 여성성의 신들과 큰 남성성의 신들을 가리키는 것과 맥을 함께 합니다. 아이를 잉태하게 해줄 뿐만 아니라 일정한 나이까지 잘 자라게 보호해 주고, 아이를 잉태한 산모를 보호해 주는 선신입니다.

도철문(饕餮文)과 처용(處容)의 얼굴

도철문
창경궁 옥천교 홍예
["문화포털"에서 제공하는 전통 문양을 활용하였습니다.]

중국 은나라와 주나라 청동기에 발견되는 도철문은 양처럼 뿔을 가진 모습에, 튀어나온 눈과 두드러진 어금니를 가졌습니다. 우락부락 괴기스럽기까지한 동물적 이미지를 가진 도철은 미친 듯한 식욕으로 모든 것을 집어삼킵니다. 먹다먹다 마침내 자신의 몸까지 먹어버립니다. 결국 머리만 남기 때문에 도철은 얼굴만 남아 있습니다. 이러한 도철의 성격으로 인해 도철을 장식하면 모든 삿된 것을 먹으며 또 먹힐 것이 두려워 감히 악한 것이 가까이 접근하지 못한다고 믿었습니다. 이 때문에 부정을 타면 안 되는 당시에 귀한 청동기 솥이나 출입을 관할하는 문장식 등에 쓰였습니다.

삼국유사에는 처용의 이야기가 실려 있습니다.

신라 49대 헌강왕이 울산에 행차할 때 용왕이 나타나 일곱 아들 중 처용을 왕에게 보내줍니다. 처용은 미녀와 결혼해 사는데, 밤늦도록 당시 서울인 경주를 돌아다니며 놀다가 집에 들어가 보니 아내 옆에 웬 다른 남자가 아내를 탐하고 동침을 하고 있었습니다. 처용은 그러나 화를 내지 않고 '처용가'를 부르며 춤을 추고 나옵니다. 그러자 아내를 범하던 놈, 역신이 본래의 모습으로 나타나 처용 앞에 무릎을 꿇습니다. 역신은 전염병의 신으로, 처용의 대범함에 놀라고 감동하여 처용에게 한가지 약속을 합니다. 처용의 얼굴이 있는 곳이면 그 문안에 절대 들어가지 않겠다고 맹세한 것입니다.

처용의 이 설화로 인해 민간에서는 처용의 얼굴을 문에 붙여 한 해의 병을 피하고자 하였고, 짚으로 처용 인형을 만들어 길에 버려 액을 막았습니다. 궁중에서는 섣달그믐날 처용의 얼굴을 한 탈을 쓰고 '처용무'를 춰서 나쁜 기운을 막고 전염병을 쫓고자 하였습니다.

그러고 보니 도철의 얼굴과 처용의 얼굴, 귀면 기와라 불리는 도깨비 기와, 보기만 해도 돌이 되어 버린다는 그리스 로마 신화의 메두사의 머리, 현대 스타벅스 커피숍의 세이렌은 서로 닮아있지 않습니까?

상담사례

> 고민이 있어서 사연 보냅니다. 직장에 대한 고민인데요~ 저는 기간제 교사로 XX교사를 하고 있습니다. 수업하고 학생들과 소통하는 것을 엄청 좋아해서 이 일은 계속하고 싶어합니다~.
>
> 그런데 요즘 드는 생각은 제가 남 밑에서 일하는 성격은 아닌 것 같습니다~ 같은 일이어도 내 마음대로 바꿔서하고 의문스러운 건 집요하게 묻거나 따져서 이해해야 업무를 시작하니, 상사들은 하극상이나 공격적인 것으로 보더라고요~ 6개월이 지나서야 제가 그런 공격적인 의도가 아니고 일 잘하는 거에 대해 이해하고 인정해 주십니다. 근데 인정받기 전의 시간이 너무 힘들어서 스트레스를 많이 받았습니다. 그동안 운 좋게도 일 못하는 상사 밑에서 내 맘대로 하거나 단독으로 하는 일은 잘해왔어서 이런 성격인지 몰랐습니다. 사람들과 부딪히면서 이제야 알게 되었습니다. 계약직이다 보니 1년 단위로 업무가 바뀌는데~ 제가 원하는 업무를 고를 수 없고 내 소신과 업무가 상이할 수 있다 보니 스트레스를 받기보다 앞으로 계획하고 있던 XX치료센터를 좀 빨리 차려야 하는지에 대해 고민하고 있습니다.

너무 늦지 않았나 싶어 걱정이 먼저 앞섭니다. 한편으로 핑계이면 핑계이겠지만 늦은 이 부적이 어쩌면 이유가 있을 수도 있겠다 싶기도 하네요.

하극상이란 말을 들으실 정도였으면 많이 당황하고 힘드셨을 텐데 잘 넘겨오셨음에 많은 내공이 느껴집니다. 그리고 문장과 문장 사이에 쓰는 물결 표시를, 상황을 객관화하는 도구로 사용하셨을지도 모르겠다는 생각이 듭니다.

다들 마음속에 답을 가지고 찾아오시지요. 무꾸리(무당)를 찾으며 이미 답은 알고 있지만 그래도 신의 말을 듣고 확신을 얻으면 우리 삶이 좀 더 가벼워지고 이로써 디딤돌이 되기도 합니다.

선생님 소신대로 빨리 XX치료센터를 여는 것이 어떠실지요? XX치료뿐만 아니라 인지 치료, 놀이 치료 등 어느 정도 규모의 치료실을 권해 드립니다. 그리고 선생님만의 스타일로 선생님들과 초등부부터 고등부까지 다양한 연령대의, 다수의 친구들과 함께 하시길 권해 드리고 싶습니다. 올가을에 제가 한국에 있다면 초대해 주시겠어요? 작은 창문 아래 선생님께 인사드릴 날을 그려 보며 이 부적을 올립니다.

시작을 알리고 그 일에 공명을 쌓고 좋은 사람들을 만나, 사랑받고 인정받는 부를 종합부로 만들어 올립니다. 이 부적은 최소 삼 년 동안 쓰임이 있을 터이니 작은 도움이나마 되길 바랄 뿐입니다. 치료센터는 어떤 이름으로 지으실지 궁금하네요!

3

'나'란 존재

더 가벼워야 할 당신의 삶을 위한
부적 레시피

3. '나'란 존재

너의 가능성을 위한 레시피

스물두 살이 점을 보겠다고?

네가 점을 보겠다고?

22살? 집에 가. 우리 이런 거 하지 말자.

네? 저 직장인이예요. 돈 있어요. 그냥 해 주시면 안 돼요?

응 안돼 가, 너무 어려.

네?

그니까 네가 한 사십 정도 되고, 아님 닳고 닳아 더 이상 닳을 생애도 없으면 그때 와.

아니면, 너의 세상을 살다가 그 모든 이들이 너를 배반하여 더 이상 갈 곳이 없을 때, 그때 와도 늦지 않아. 너무 어려 그냥 가.

고집 있는 아이, 삶이 너무 궁금한 22세. 세상의 누구도, 어떻게 살아야 한다고 알려줄 스승이 없는 이 시대에 너의 선택은 점쟁이를 찾는 것이었구나. 아이는 마냥 수줍고 머쓱해서 웃기만 합니다. 이렇게 말했는데도 자리에서 일어나지 않자 바로 나는 다른 조건을 제시합니다.

그래. 그렇다면 약속해 줄 수 있겠니? 네 이십 대에 최소 삼 년은, 우리, 점 보지 않는다고 약속하자. 네가 그걸 지키겠다고 여기 신성을 갖춘 이곳에 약속을 한다면, 내가 점을 봐줄게.

그녀는 이해하지 못하는 듯합니다.

얘야 너 잠도 잘 못 자고 집안은 힘들었고, 아픈 유년을 지냈구나, 그래 또....

놀라지 마. 나 점 본 거 아니야. 90 프로 이상 대학을 가는 이 나라에서 스물두 살에 생활인이 되어 직장을 가지고 있다는 건, 바로 취업전선에 들었다는 건, 생활이 녹록지 않거나 너가 원치도 않았고 선택할 수도 없는 너의 가정 환경에서 벗어나는 길이 오로지 취업의 길이었기 때문이니까, 젤 빨랐을 테니까.

아직도 의심스러워? 난 점 본 게 아니야. 자 봐봐, 너가 여기 앉아 있는 것만으로도 많은 의미가 있단다. 세상이 궁금해서 찾아야 하는 곳이 이곳인 것에, 사회는 널 지켜 주지 못했다는 방증이고, 먼저 너의 시대를 지나온, 나 정도 연배의 이들이 너에게 미안해야 하는 거란다.

별나지? 미안해. 근데 너의 돈을 받아 내 삶을 영위하는데 1이라도 보탠다면, 나는 정말 스스로 죄책감에, 그리고 내가 이것밖에 안 되는구나 싶은 마음에 가슴이 아플 거야. 며칠은 앓아누울 거야.

첫 번째는, 너 말대로 대학을 갈까말까 해서 점을 보러 왔다고 치자. 만약 불혹의 누군가가 와서 대학에 4년을 고스란히 투자하고 끝나는 나이가 45세, 그럼 이 사람은 대학을 졸업하고 무엇을 해야 할까? 너처럼 바로 취업이 될 수 있을까? 우리나라의 사회구조가 그렇니?

그래, 아니잖아, 그럼, 너에겐 옵션이지만 이 사람에겐 생을 건 모험이야. 그 나이에 대학을 간다는 건.

근데 너 스물두 살, 대학 졸업하면 27세. 자 취업할 수 있는 가능성이 그 예를 든 사람보다는 많겠지? 그래 이해 가지? 그런 이유에서야.

나는 니가 가지고 있는 '너의 가능성'을 좁히고 싶지 않단다. 내가 아무리 신의 대리자이고 우리가 알 수 없는 영역의 목소리를 듣고 너에게 얘기해준다 한들, 그건 온전한 신의 목소리가 아니야, 인간인 내가 의식적이든 무의식적이든 나의 견해가 너에게 전달이 되겠지. 나뿐만이 아냐. 어떤 식의 점을 보고 어떤 식의 해석을 듣든 지 그건 중간에 해설해 주는 이의 역량이나 사고에 따라 너의 운명이 일차적으로 재단이 된단다.

얘야. 스물두 살의 가능성아! 나는 너의 우주보다 더 넓은 수많은 기회와 성취와, 언어로 표현할 수 없는 그 무수한 것들을 지닌 너에게 '나의 언어'로 너를 '재단'하고 싶지 않구나. 원석에 내가 감히 뭐라고 정을 가져다 대고 망치로 내리칠 수 있겠니. " 너. 의. 삶. 인. 데."

두 번째로, 자 보자, 너 신기 있다는 소리 들었지? 그래 놀라지 마. 스물두 살에 6개월 전에 점집을 예약해 놓고, 기다릴 수 있는 배포면 누구도 나처럼 생각할 수 있어. 스물둘에 연애를 하고 미래가 궁금하면, 캐주얼한 곳에서 가볍게 여흥의 개념으로 점을 보지, 이렇게 정식으로 점을 보겠다며 다닌다는 건, 이런 문화에 노출이 많이 되었다는 소리야. 그런 어린아이가 영적인 것에 관심이 많으니 단순하게 '신의 기운'이 있다고 단정하기 딱 좋지 않겠니. 상식, 그러니까 공통적 함의된 생각이니, 이것도 점 본 거 아니야 놀라지 마. 세상에는 낮이 있으면 밤이 있듯 너의 그 가능성을 볼모로 잡아, 그것을 자신들의 입맛에 맞게 해석해서 너를 신기 있는 사람으로 가둬 버릴까 나는 겁이 났단다.

너는 신기가 있는 게 아니야, 너가 지금까지 살아내면서 무수히 해석할 수 없는 일들과, 또 아무도 대답해 주지 않는 의문의 시간을 버텨냈잖니. 밤에 별빛을 가로등 삼아 살아온 너이기에 많이 예민하고, 불안했기에 안정을 찾기 위해, 많은 가능성을 염두에 두고 삶을 '영위'한 것이 아니라 '생존'하기 위해 살아왔기에, 신기 있는 사람처럼 보였을 뿐이란다.

신성성은 모든 이들에게 부여되지만 아무에게나 이를 삶의 십자가로 매달고 살도록 하지는 않는단다.

나 화장실 다녀올 테니 그 사이에 고민해 봐. 그 사이 그냥 나가도 돼. 자 돈 봉투 여기 있어. 이제 너가 결정할 차례야. 너라는 존재를 존중해 줄 수 있는 나의 마지막 배려란다. 잘 생각해 봐.

이번이 최소한 20대 중반이 넘기 전에 마지막으로 보는 점이라고 약속할 수 있다면, 봐줄게. 좀 더 직접적으로 말할게. 여기저기 점집을 돌아다니며 오지도 않는 미래를 들으며 너의 삶의 길을 점점 좁힐래, 아님 이번이 마지막으로 더 이상 점을 보지 않을래, 아님 바로 여기서 나가서 나도, 다른 점집도 찾지 않고, 너를 위한 삶, 너만의 행복을 위해 살아가 볼래. 나는 맨 마지막 제안을 니가 받아들이길 바라.

 아이는 한참을 어색해하며 울음 같은 웃음을 띱니다. 그리고 아이의 눈망울이 복잡해 보이기 시작했습니다. 그리고 나는 가만히 아이를 응시합니다. 그리고 너의 위대함에 그 가능성에 그 무엇이든 될 수 있는 너를 만나볼 수 있음에 감사할 따름이었고 부디 너도 스스로 인지하기를. 전전긍긍했지만, 혹여 그래도 애써 냉정한 척 웃지 않고 나는 그 아이의 눈을 바라보는 나를 스스로 의식하고 있었습니다.

* 말문이 트인다는 의미

 말문은 무병을 앓던 이가 최초로 전하는 신의 말입니다. 이어지는 신의 말을 '공수'라고 합니다. 글문이 열리는 만신도 있지만 말문이야말로 만신의 시그니처, 신의 인증으로 받아 들여 집니다.
 아기들의 언어가 어느 순간 폭발적으로 늘어 말을 시작할 시기, 여태 입을 꾹 다물고 있는 이가 갑자기 말이 많아질 때, 기가 막혀 뭐라 할 말이 없을 때, 다그치는 상대 앞에서 입을 못 뗄 때 등등에서 우리는 말문이 트인다 혹은 말문이 막힌다고 표현합니다. 이처럼 무속의 언어는 의외로 우리 생활 가까운 곳에서 발견됩니다.

상담사례

> 안녕하세요. 만신님. 저는 소방관이기도 하고, 동시에 미술을 하고 있기도 합니다. 집이 가난해 빠른 취업을 위해 간호학과에 진학했다가, 이내 특채 임용을 통해 구급대원이 되었습니다. 소방 조직에 들어와 보니 구급대에 대한 처우가 열악합니다. 노조에 가입해 이를 개선하는 삶에 더 힘을 주어야 할지, 미술계 활동에 더 전념해야 할지 잘 모르겠습니다. 이전까진 미술이 세상을 바꿀 거란 기대가 있었는데, 지금은 조직을 바꾸는 활동에 더 기대가 생깁니다. 물론 둘 다 할 수 있지만, 방향에 따라 제가 취하는 선택이 좀 다양해져서요. 어느 쪽이 세상을 더 이롭게 할 수 있을까요?

선생님의 부적에 저기 두 개의 네모가 있습니다.

부적에서의 사각형은 하나의 우주를 뜻하기도 하고 또 벽돌처럼 부속품처럼 쓰이기도 합니다. 여기 선생님 삶의 네모가 있습니다. 하나는 미술을 통한 예술가로서 삶의 네모, 하나는 소방관으로서 그들 혹은 우리의 처우 개선에 힘을 쓰려는 삶의 네모.

어느 쪽이 더 세상을 이롭게 하냐구요? 만신인 제가 예술을 향해 '집착'에 가까운 나아감을 버리지 못하고, 대상이 무엇이든 어떤 방식으로든 끝까지 함께 하고자 하는 이유는 '가장 예술적인 것이 가장 정치적'이라는 말에 가슴이 확 열렸던 경험 때문입니다. 예술은 정치나 사회, 세상과 가장 거리를 두는 듯해 보이지만 가장 가까이서 우리를 표출하고 대변합니다. 예술이 가지는 풍자라는 금단의 열매에 정치는 절대 손댈 수 없지요. 예술은 현실 반영이기도 해서 결국 지금 살아가는 우리를 표현하기에, 예술은 그 표현의 자유를 보장받아야 합니다. 우리가 우리를 보호해야 하니까요. 서예의 글체에서도, '뱅크시'의 그라피티에서도 우리가 투영되고, 우리가 살아가고자 하는 희망과 바람을 읽어낼 수 있습니다. 심지어 꽃을 꽂는, 꽃꽂이에서도 꽃들의 의미와 형상으로 지금의 우리를 표현하고자 하는 예술의 본성을 발견하죠. 이건 지극히 제 개인적인 견해이니 예술은 예술 그 자체로 존재해야 한다고 생각하시는 분들은 아마 납득하지 못하실 것 같습니다.

선생님은 이미 마음이 기우셨고, 노조 가입을 통해 직접적으로 현실에 참여하고자 합니다. 하지만 선생님. 현실 참여를 하되, 미술이라는 도구를 지금의 현실을 알리는 데 꼭 사용해 보시길 바랍니다.

저는 선생님이 삶에 충실하고 또 그것과 함께 충분히 예술의 정치적 장치와 순수성과 미적 아름다움을 모두 다 가지고 계시고 이를 표현 해낼 수 있는 분이라고 생각하기에 이렇게 두 개의 네모 '예술'과 '현실', 두 네모 사이에 이렇게 말씀 올립니다.

" 그 모든 것은 빛이었다."

* 뱅크시라는 가명의 인물은 영국의 미술가 겸 그라피티 예술가이자, 영화 감독입니다.

그는 정치적, 사회적 논평이 담긴 작품을 전 세계 도시의 거리, 벽, 공개적인 장소에 전시합니다. 그는 스스로를 예술 테러리스트라고 말합니다. 그도 그럴 것이 그의 대표작 〈풍선과 소녀〉는 2002년 영국 런던 쇼디치 근교에 벽화로 처음 그려진 뒤 꾸준히 재생산되었고 이후 '소더비 경매'에 나와 약 15억 원에 낙찰됐는데, 낙찰 직후 액자 틀에 숨겨진 소형 분쇄 장치가 가동되면서 절반이 파쇄기에 잘린 듯 가늘게 잘려 나갔습니다. 뱅크시가 고의로 행한 퍼포먼스로 확인되어 더 유명해졌으며, 이후 해당 그림의 제목은 〈사랑은 쓰레기통에 있다〉로 변경됐습니다.

- 새로운 시작을 준비하는 분께,
무한한 가능성을 찾아 나서는 이들을 위해
안정적 발전을 기도하며 -

롤러코스터 생존 레시피

암입니다.

 당신이 이 말을 듣게 된다면?
 전조증상도 없었고, 가족력도 없었고 매일 요가를 하고 소위 말하는 건강 식단이라고 생각하는 음식을 먹는 식습관을 가졌답니다. 나이 40대 중반에 또 다른 삶을 살고자 이민도 준비하셨습니다. 한국을 떠나기 전 마지막으로 건강 검진을 간단하게 받고 가겠다는 가벼운 마음으로 종합 검사를 했었고 유방초음파를 하니 조직검사를 해보자고 하네요.
 일주일이 되기도 전에 의사 선생님의 호출에 병원에 가니,

 암입니다.

 그분께 이 말을 던지듯 주셨다고 합니다. 완벽히, 건강한 결과가 나올 것이라고 정말 추호도 의심이 없었습니다. 그렇게 살았으니까요. 남의 이야기처럼 들렸답니다. 현실감각이 없었습니다. 어쩌면 당신의 이야기가 아니기를 바랐는지도 모릅니다. 머릿속에서는 왜? 라는 물음표만 가득했다고 말씀 주셨습니다.

왜? 나지 왜? 내가 왜? 하필 지금 왜?

끊임없이 반문해 보았지만, 답을 찾으려고 해도 찾을 수도 없었고 검진 이후 새로운 세상이 열린 '암 환자'란 현실에 집중해야 했습니다. 모든 일정을 취소하고 결국 그분께서는 이민을 위한 비행기를 타야 하는 날, 비즈니스석에서만 가능하다는 다리를 펼 수 있는 침대형 의자에 앉아 있는 나를 상상하며 그 대신 종합병원 수술대에 올라 있었습니다. 비즈니스석의 와인 한잔과 기내식에, 노곤노곤 넉넉히 배불러 잠들고 싶었던 그녀는 두려움에 숫자를 세다 마취에 취해 잠들어 버렸습니다.

유방 절제 수술을 받고, 4회 항암을 하고, 19회의 방사선을 하는 동안 늦은 겨울은 사라졌고 봄이 가고 여름도 그렇게 가버리고 초가을이 다가왔습니다.

원래 계획보다 6개월 늦어진 9월 그녀는 드디어 불확실한 비자를 들고서, 어쩌면 이민 수속을 처음부터 다시 시작해야 할지도 모르는 불안한 마음으로 비행기에 올랐습니다.

달라진 건 크게 없더라고 하셨습니다. 다른 나라, 불안정한 비자와 암에 좋은 식단을 먹어야 한다는 것 말고는요. 유방암 특성상 재발과 전이가 다른 암에 비해 쉽다고 하니 전에는 다이어트식 위주로 관심을 가졌지만 이제는 유방암에 좋은 음식, 식재료 쪽으로 더 집중하게 되더라고, 몸이 추슬러지면서 다시 요가도 시작하셨다고 합니다. 더불어 요리전문가라는 타이틀로 살아왔기에 이 낯선 나라의 요리 재료를 보면 마음이 새로워지기도 하고 암환자와 건강을 위한 음식을 만들고 널리 알려야겠다고 마음을 다잡았다고 합니다.

　유방암 수술과 항암, 그리고 방사선 치료와 매일 먹는 호르몬 억제를 위한 약 한 알로 그녀의 삶에 많은 변화가 있었습니다. 예전에 없는 어깨 통증과 팔을 들어 올릴 때 찾아오는 불편함, 방사선 치료로 인한 화상을 입은 듯한 자국, 갱년기 증상으로 찾아오는 손발 저림과 우울증, 그리고 순간순간 느끼는 재발과 전이의 두려움.

　"내게 암이라는 녀석이 찾아오기 전에는 '건강이 최고다', 라는 말을 의미 없이 그냥 흘려버렸습니다. 하지만 아프고 나니 그 말의 의미가 무엇인지 뼈저리게 느껴진다"고, 저보고도 부디 건강 조심하라고 몇 번이나 다짐을 하게 하십니다.

　무엇보다 모두 건강하시길…

> **궁금했어요**
> 오래 살고 싶은데 어떻게 해야 하나요.

전통적인 한의학에서는 음양(陰陽)이라 하여 모든 우주의 현상은 쌍으로 나타난다고 합니다. 일체 사물과 현상에 대립되는 두 가지, 밝은 것·어두운 것, 더운 것·찬 것 등등 모순 속에서 발생·발전·변화한다고 봅니다. 음과 양은 생로병사(生老病死), 네 가지 기운에 따라 다섯 가지 오행으로 나타나는데 이를 오행이론이라 하여 '목화토금수(木火土金水)'를 개념화하고 이를 신체에 비견해 '간(담), 심, (비)위, 폐, 신'으로, 또 그 특성을 정신적 부분에서 '혼신의백지(魂神意魄志)'로 연결하여 진단하고 치료에 바탕을 삼습니다. 개개인의 5장 6부의 성질과 타고난 체질을 보충적으로 이해합니다.

이야기가 아주 장황해졌습니다만 결론적으로 건강과 장수의 가장 기본적인 덕목은 슬프게도 타고난 건강이나 유전인자라 할 수 있습니다. 이런 점에서 옛 어른들이 결혼에 앞서 집안을 살피고 태교를 중요시했던 것을 이해할 수 있습니다. 나아가 신체 오행의 시작은 결국 위(胃)에 있기에 잘 먹는 것이 건강의 첫 시작입니다. '지금껏 먹은 것이 결국 '나''라는 말은 틀리지 않습니다. 그렇다고 좋은 것, 비싼 것, 귀한 것을 먹으라는 말은 아닙니다. 당연히 오행의 기본 사상은 밸런스에 있습니다. 어느 하나가 너무 과하면

탈이 납니다.

 각자 타고난 체질이 있다고는 하지만 체질은 바뀔 수 있습니다. 그러므로 타고난 신체의 약점을 미리 이해하는 것도 중요하지만 자주 살피고 관리해서 초기 발병을 찾아야 합니다. 거기 더 해 잘 먹고 현대 의학이 말하는 만병의 근원 '스트레스'를 조절하는 것이 오래 건강하게 사는 법입니다.

 참으로 하나마나한 원론적인 이야기지만 정답은 항상 간단한 것에 있더군요. 상담을 하며 늘 하는 말, "꼭, 건강검진 받으세요." 저와 한 번이라도 점사를 보았던 이들은 늘 듣는 이야기입니다. 의술조차 해와 달의 기운을 받고 살아가는 인간에게 신이 주신 큰 선물이란 점 잊지 마시길 바랍니다.

호신부 (드엘리스 제공)

탈출 레시피

뒤도 돌아보지 않고 도망치는 겁니다.

　그분은 캐나다에서 또 다른 생존기를 열렬히 펼치고 있는, 대한민국의 아니, 이제는 캐나다의 40대 엄마입니다.
　한국에서 도망쳤습니다. 화목한 가정, 엘레강스한 어머니, 뭐든지 다 받아주실 것만 같은 너그러운 아버지, 좋은 직장과 안정된 월급, 착하고 얌전한 남편. 이 모든 것들을 한순간에 버렸습니다.
　너무 살고 싶었다고 합니다. 앞만 보고 달려온 삶에서 잠시라도 편히 쉴 수 있는 쉼터가 되어줄 그런 곳이 필요했습니다. 3자인 제 눈에도 간절해 보였습니다. 그래서 집에서부터 도망쳤습니다. 정확히 말하자면 그녀는 엄마로부터, 남편으로부터 도망쳤습니다.
　딸이 아닌 자기의 만족을 대신 채워주는 노예쯤으로 생각하는 엄마로부터, 무책임할 만큼 가족에게 관심 없지만 스스로를 너무나 좋은 가장으로 생각하는 남편으로부터, 사사건건 부부 사이에 끼어들어 '나'와 대화해서 해결할 일들을 아들을 '조종'해 해결하려는 시어머니로부터 그리고, 더 이상 상종하고 싶지도 않은, 한때 내 전부로 여겼던 직장의 진절머리 나는 인간들로부터 그녀는

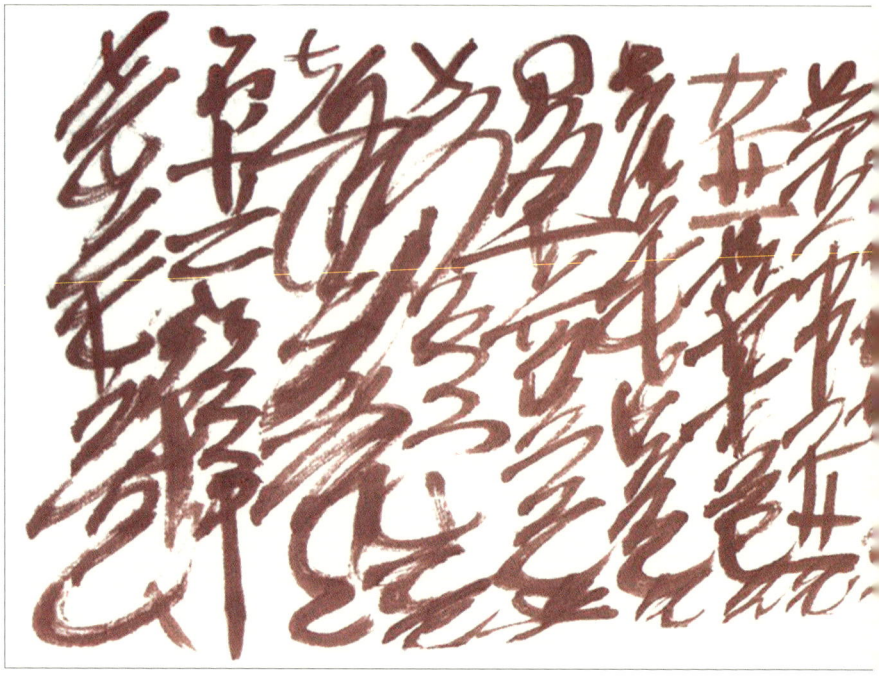

뒤도 돌아보지 않고 도망쳤다고 합니다. 거칠고 정제되지 않는 말들 사이로 시인하듯 말해줍니다.

　캐나다는 그녀를 살려줬다고 합니다.

　아이들을 영어 공부를 시키기 위해, 그 좋은 직장도 때려치우고 이민 가는, 좋은 엄마 코스프레를 하기에 딱 좋은 나라였을까요. 도망치는 와중에도 그녀는 타인에게 좋은 사람으로, 멋진 여자로 남고 싶었다고 솔직히 말합니다. 한편으론 지금 도망치는 중이라는 것을 들키고 싶지 않아서이기도 합니다. 그래서 캐나다를

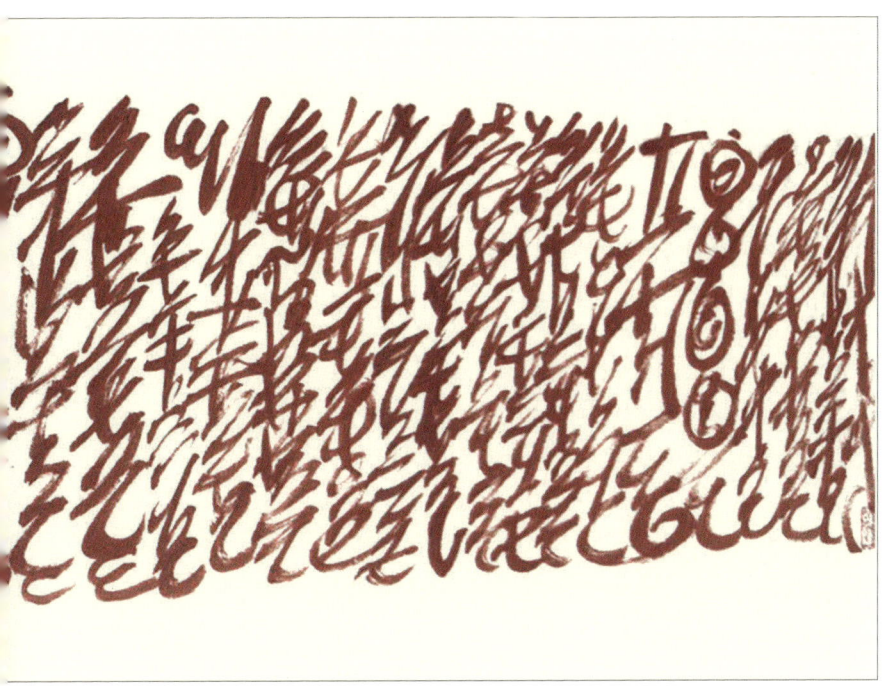

선택했고, 조용히 도망쳤습니다. '그 누구도 나를 궁금해하지 않아 주었으면' 하는 바람을 가지고 말입니다.

캐나다행 비행기를 타러 가는 그녀의 발걸음은 가벼웠다고 합니다. 짐이랄 것도 없는 짐을 싸 들고, 남루한 민낯과 무릎이 튀어나온 트레이닝복 차림으로, 아이들의 손을 꼭 붙잡고 비행기의 L2 Door로 들어갈 때에는 짜릿한 느낌마저 들었다고 합니다.

승무원으로서 그동안 20년을 매일 같이 어색한 화장과 유니폼을 입고, 매번 목숨을 건 전투에 임하는 군인의 그 마음으로, 죽을 만큼 들어가기 싫었음에도 수천수만 번 드나 들었던, 온갖 냄새들이 난무하는 비행기의 L2 Door가 처음으로 예뻐 보였답니다.

아이들의 손을 잡고 그 누구의 배웅 하나 없이 머나먼 나라로 도망치듯 떠났지만, 당장 집도 차도 월급도 충분한 생활비조차 마련하지 못했지만, 그 어떤 때보다 홀가분했습니다. 이를 결심한 지 5년 만에야, 결국, 그녀는 멋지게 자신의 두 아이만을 데리고 탈출에 성공한 겁니다.

지금으로부터 5년 전쯤이었습니다. '40'이라는 나이에 가까워져갈수록 점점 불안했고 아무리 노력해도 해결되지 않을 것 같은 일들 속에서 그녀 혼자 허우적대고 있는 것 같아 답답했을 겁니다. 거의 20년을 다니고 있는 직장은 20년 동안 내내 적성이 아닌 것 같았다 했습니다. 도무지 자신이 어떤 사람인지도 모르겠고, 어떤 것을 잘하는 사람인지, 어떤 것을 할 때 행복을 느끼는지, 아무리 생각해도 작은 실마리조차 떠오르지 않았습니다. 전혀 행복하지 않았답니다. 그녀의 미래는 넓고 광활한 칠흑의 늪 같아서 도무지 그녀를 놓아줄 것 같지 않았습니다.

그녀는 직장에 다닌다는 핑계로 친정어머니께 아이들을 맡기고 10년째 친정 부모님과 함께 살고 있었습니다. 첫째를 낳고 회사에 복직해야 할 무렵, 아이를 봐줄 사람이 필요했습니다. 출퇴근 시간이 불안정하고, 며칠씩 집을 비워야 하는 직업이다 보니 아이를 봐주는 사람은 정말 믿을만한 사람이어야 해서, 승무원 엄마들은 베이비시터를 찾는 것에 어려움을 겪고, 그런 이유로 회사를 그만두는 경우도 허다하다고 합니다. 그렇지만 다행히 친정엄마가 아이들을 책임져 주신다고 했습니다.

결혼해서 첫째를 낳고 일 년 반 정도 지날 때까지 잠깐만요, 이삼 년 시간 동안 신혼살림을 해 본 것을 제외하면 그녀는 평생을 부모님과 습관처럼 함께했습니다. 결혼해서 독립했지만 결국 스스로 독립을 포기한 것 같다고 말합니다.

그래도 그녀는 엄마가 헌신적으로 아이들을 돌봐 주신다고 해 주신 덕분에 돈을 벌러 나갈 수 있었습니다. 엄마에게 감사했다고 합니다. 그 감사한 만큼, 밖에 나가 열심히 돈을 벌었습니다. 아이들 돌보기를 엄마에게 맡긴 채 회사 일에 전념했습니다. 그녀는 영어 실력을 늘리기 위해 영어 학원도 틈틈이 다녔고, 대학원에도 진학했습니다. 정말 쉬지 않고 돈 벌기에 열중했습니다. 회사도 점점 내 노력을 인정해 주기 시작했습니다. 기뻤습니다. 하지만 일을 마치고 집에 돌아오면 체력은 늘 방전돼 있었고, 말할 기운조차 없었다고 합니다. 말 그대로 '기'가 다 빠져 몸은 영혼 없는 껍데기에 불과했습니다. 놀이터에 나가자는 꼬꼬마 아들을 옆에 붙잡아 두고 아이의 손에 핸드폰을 던져준 채 그녀는 늘 누워 있어야 했습니다. 집에 있을 때는 피로 누적으로 항상 정신이 몽롱했습니다. 아이를 대할 때는 무기력했고, 무관심했다고 합니다.

하지만 엄마에게는 항상 좋은 딸이 되기 위해 최선을 다했음을,

누구보다 제가 더 잘 알 것 같습니다. 그녀는 엄마가 필요로 하는 것과 요구하는 것들을 충족시켜 드리기 위해 최선을 다했습니다. 엄마가 헌신적으로 그녀의 아이를 봐주시는 것만큼.

아이를 사랑하는데 어떻게 표현해야 할 줄 몰랐었기에 아이를 돌보아 주는 엄마를 최선을 다해 돌보는 것, 그것이 그녀가 배운, 엄마가 아이를 사랑하는 방식이었던 것 같습니다.

어쩌면 그녀는 평생을 엄마한테 인정받고 싶어 안달이 난 딸이었을 지도 모르겠다고 담담히 말합니다. 당연히 그녀는 당신 아이들이 원하는 것보다 엄마의 아무렇지도 않은 한마디에 동요하고, 자신도 모르게 모든 것을 어머니께 맞추어 움직였다고 합니다. 모든 촉각이 엄마를 향해 곤두서 있었습니다. 혹시나 뭐 하나라도 놓친 것은 없나 항상 노심초사했습니다. 엄마가 지나가는 소리로 하신 것을 기억하고, 다 준비해 드리려고 노력했고, 엄마가 원하는 것을 어떻게 해서든 이루어 드리기 위해서 노력했습니다. 그도 그럴 것이 그녀의 어린 시절 기억 속에 엄마는 늘 몸이 아픈 사람이었기에 습관처럼 엄마를 돌보는 것이 몸에 배어있었답니다.

심지어 엄마가 힘들지 않아야 하기 때문에, 아이들은 순종적이고 조용하고 착한 아이여야 했답니다. 지금 돌이켜 생각해 보면 아이들은 자기들의 욕구를 표현하는 것조차 허락되지 않았던 것 같습니다. 너무나 당연히, 어린 시절의 그녀의 모습을 그녀의 엄마는, 그러니까 할머니는, 그녀의 아이들에게까지도 강요했던 겁니다.

 그녀는 맘대로 당신의 아이를 사랑할 수 없었습니다. 자신의 아이가 소중하다고 엄마 앞에서 티를 낼 수 없었다고 합니다. 그녀 인생에서 아이가 소중하다고 느끼게 되는 순간, 그것을 아이에게 표현하려면 엄마는 삐지고 서운함을 꼭 드러내시고는 맙니다.

 어느 순간, 문득 고개를 들어 세상을 보니 이 세상 모든 것이 해석불가였을 겁니다. 숨이 막혀 죽을 것만 같았을 겁니다. 삶이 너무 싫어졌다고 말했습니다. 끊임없이 물이 줄줄줄 새는 항아리에 바보 같이 물을 가져다 붓는 자기 자신이 싫어졌다고 합니다.

 본래 그녀는 그녀만 생각하는 이기적인 딸인데, 착한 장녀 코스프레에 빠져서 그녀의 인생과 젊음을 엄마에게 아빠에게 동생에게 남편에게 쏟아부었다고 말합니다. 심지어 결혼도 했고 두 아이의 엄마였지만 아직 어린 두 아이는 그녀 인생의 뒷전에 있었습니다.

 손자 손녀를 차지한 엄마를 두고 그녀는 아이들과 여행 한 번 가는 게 어려웠다고 합니다.

 당신 삶을 되찾고 싶었다 합니다. 솔직히 말하면 도망가야겠다고 생각한 것이 맞을 것 같다 합니다. 좋은 사람으로 남을 만한 구실이 없어서 고민하던 차에 아이들에게 교육받기 좋은 환경을 만들어 준다는 명분으로 캐나다에만 가면, 그녀는 엄마에게 벗어날 수 있을 것 같았습니다.

더 이상 엄마가 평생 입버릇처럼 읊조리는 '나 죽는다… 나 너무 힘들다… 나 좀 어떻게 해줘…'하는 이런 이야기 안 들어도 될 것 같아서 좋았습니다. 그럴 수 있다고 생각만 해도 날아갈 것 같았습니다. 끝나지 않을 것만 같았던 뫼비우스의 띠 위에서 뛰어내릴 수 있었습니다. 나라를 바꾸는 것은 내 행적을 한방에 지워줄 수 있는 데다가, 나는 아이들을 빌미로 좋은 엄마까지 되는 인생 절호의 찬스를 얻게 된 것입니다.

  그녀는 도망친 엄마입니다.
  나는 그녀에게서 이야기를 듣고 싶습니다. 진정한 엄마가 되기 위한 엄마 이야기를. 그녀가 그리는 그녀의 엄마와 자녀 이야기를 간절히 듣고 싶습니다.
  그녀는 희망합니다. 누군가가 그녀를 응원해 주는 사람이 나타나기를 말입니다.

가족 화목부

상담사례

> 얼마나 오랫동안 불면증에 시달렸는지 모릅니다. 이안 선생님 부적에 소원을 불어 넣고 싶어요. 부탁드립니다. 어릴 적부터 가위눌림이 심했고, 늘 나른하고 무거운 몸과 마음으로 살았습니다. 성인이 되고 나서 불면증을 고쳐보고자 일 년 넘도록 기도원에서 생활하기도 했고 당시 숙면을 하게 되어, 불면증을 완치했다고 생각했습니다.
> 다시 사회로 나와 결혼을 하고 유산을 겪으며 남편과의 갈등으로 또다시 수면제 없이는 하루도 살아갈 수가 없습니다. 하루를 살아도 가장 기본적이고 본능적인 것이 자연스러웠으면 좋겠습니다. 긴 글 읽어 주셔서 감사합니다.

안녕하세요. 선생님.

짧은 글인데 긴 글처럼 저에게 긴 글을 읽어 주셔서 감사하다고 하십니다. 저 짧은 글에 살아오면서 겪은 아픔들을 일목요연하게 보여줄 수 있는 것은 그만큼 생애 대한 고민을 끊임없이 하셨기 때문일 것입니다.

인간으로서 살아오면서 인간이 가진 능력치 이상으로 참아야 하는 상황을 많이 겪으셨고 본인이 그것을 유연히 넘기기에는 너무 바른 사람으로 보입니다. 늘 차올라 있으니 비대해진 정신은 늘 힘을 주어 살아내야 했습니다. 힘을 빼는 방법보다 힘을 꽉 주

고 버티는 방법만 아시는 분이니 어떻게 잠을 잘 잘 수 있을까요? 그리고 그렇게 긴장되는 상황 속에서 살아내기 위해 잠을 청하셨기에 가위눌림도 가수면 상태에서 찾아오는 일종의 몸의 경고였으리라 확신합니다.

영적인 문제가 아니란 말이지요. 그러니 저 부적을 한번 들여다 봐 주시겠어요? 오랜 시간 기도하고 선생님을 생각하며 신력으로

부를 받아 일필휘지한 것입니다. 유심히 봐주세요. 왜 저런 모양을 주셨는지 저도 잘 모르겠습니다. 제가 보고 느낀 부분은 칼날 같기도 하다가 원을 그리다 물처럼 흐르다, 또 한 획이 또 한 획을 이어 나가 처음과 끝이 완결을 해냅니다.

저 부적은 선생님이 앞으로 살아갈 삶을 지켜 줄 '호신부'인가요? 아니면 살아낸 선생님의 한 생의 아픔을 소멸해 줄 '악업 소멸부'인가요. 선생님의 부적을 내리면서 붓과 종이 위에서의 흐름에, 처음으로 느껴본 자유로움이 있었다는 것만큼은 꼭 말씀드리고 싶습니다.

이제는 행복하실 선생님의 삶에 경의를 표합니다.

───────

* '신나다'는 말의 의미

우리 속담에 '굿 들은 무당, 재 들은 중'이란 말이 있습니다. 이 말은 자기가 평소에 매우 좋아하거나 원하던 일을 하게 되어 신이 나서 좋아하는 사람을 비유적으로 이르는 말입니다.

표준국어대사전에 따르면 '신나다'는 단어는 어떤 일에 흥미나 열성이 생겨 기분이 매우 좋아지다 라는 뜻을 가지고 있습니다.

유명한 드라마 '글로리'의 한 장면을 볼까요?

"난 니가 시들어가는 이 순간이 아주 길었으면 좋겠거든.
우리 같이 천천히 말라 죽어보자, 연진아
나 지금 되게 신나"

차갑고 소름 끼치는, 미소띠고 있지만 웃지 않는 얼굴로 주인공 '동은'이 되게 신난다고 말합니다. 결코 신날 수 없는 상황에서 신난다는 말. 그래서 강렬한 인상을 남기는 장면입니다.

하지만 신은 재미있고 즐거운 곳에 오십니다. 신이 와서 놀도록 하기 위해, 신나는 그 곳으로 신을 부르기 위해, 신이 와서, 무당은 춤을 추고 노래를 하며, 즉 굿판을 벌입니다. 너무 신나면 펄쩍펄쩍 뛰겠지요? 작두 위에서 힘든 줄도 모르고 만신이 펄쩍펄쩍 뛰는 것은 네, 말그대로 '신나서' 입니다.

혈서 쓰는 사람들

혈서 쓰는 사람들이 있습니다. 자신의 손을 그어서 그 피로 글을 씁니다. 얼마나 처절한 상황이기에 혈서가 필요합니까. 피는 생명의 상징이며 혈서는 결의의 표상입니다. 독립운동가들의 혈서를 보면 그 결기에 마음이 숙연해지고 저절로 고개가 숙여집니다.

흠모하던 사람에게 이별 통보를 받고 슬픔에 참을 수 없어 혈서를 쓴 한 청년이 있습니다. 자신의 피로 한자한자 편지를 적어 상대에게 보냈습니다. 벼랑 끝에 선 마음과 자신의 진정성을 알아달라는 뜻입니다. 청년의 고통이 이해는 되지만 이 기이한 편지에 기함할 노릇입니다. 편지를 펼치는데 이렇게 말하는 것이 미안하긴 하지만 속이 메스껍고 더럽기 그지없습니다. 절절한 마음이 가서 닿는 것이 아니라, 이는 다른 형태의 폭력과 다름없습니다.

책 서두에도 말한 바, 위와 같은 기이한 느낌의 표식은 부적이 될 수 없으며, 어떠한 좋은 기운을 부를 수도, 이룰 수도 없는 '치기'의 표식일 뿐입니다. 소중한 나를 보여주고 상대를 이해시키는 다른 방법도 많습니다. 한 방울이라도 아꼈다가 큰일에 쓰도록 합시다.

4

가족이란 이름으로

더 가벼워야 할 당신의 삶을 위한
부적 레시피

4. 가족이란 이름으로

마지막 안녕을 위한 레시피

엄마 만나러 가요, 아빠 만나러 가요.

　철물이굿, 꽃맞이굿 등 집안에 큰 우환이 없더라도 더 좋은 일이 생기게 해달라고 신께 정성을 올리는 굿들이 많이 있습니다. 만신들마다 성향의 차이겠지요, 저 같은 경우 이런 재수굿은, 좋은 것 더 좋게 해달라는 굿은 지양합니다.
　모든 만신들마다 차이가 있으니 이런 말을 하기가 참 조심스러운데요, 모시는 신과 만신들의 관점의 차이니 이해해 주시길 바라는 마음으로 깊은 속내를 꺼내 봅니다.
　우선은 좋은 일을 더 좋게 해달라는 굿을 하는 건, 저의 굿을 기다리는 많은 단골분들께 너무 죄송스러운 일입니다. 여러 우환으로 다급하신 분들 급하게 풀어줘도 모자랄 판에 점사에다 굿까지 기다리게 해야 하다니요. 빨리 우환을 풀어주고 싶은 그분들께 미안해서 재수굿은 못 하겠습니다.
　두 번째로 합리적 판단에서입니다. 어떤 굿을 해도, 아무리 저

극락왕생기원부

렴하다고 해도 기본적으로 들어가는 인건비와 제물 비용 등, 굿이 한번 이루어지는 데 드는 비용이 만만치 않습니다. 게다가 제 경우는 모든 제물 즉, 음식·지화·생화·의대 등을 하나하나 다 만들고 공을 들이기 때문에 그 시간이 굿을 하는 시간보다 몇 배나 더 걸립니다. 굳이 좋은 일이 있을 집에 이렇게 시간을 들일 필요가 있을까요? 그 많은 돈을 들이면서 까지요.

재수굿을 하지 않는다 치더라도 굿이 밀려 있는 경우가 많습니다. 하지만 그 어떤 굿보다 가장 우선시 되는 굿이 있습니다. 바로 진진오귀 굿이 그렇습니다. 돌아가신 지 일 년이 안 된 이의 굿을 진진오귀굿이라고 부르고 3년 안에 하는 굿을 진오귀굿이라고 합니다.

죽음을 받아들이는 일은 그렇게 쉽지 않습니다.

살아 계실 때는 누군가의 부모였고 형제였던 이들이 죽음을 맞이합니다. 그러면 살아생전 이승에서의 이름은 사라지고 성과 '망재(망자)'로 불리고 자신의 죽음을 이 세상과 저세상에 알립니다. 또 북망산천의 길에 접어들었다고, 태어났을 때 우렁찬 울음소리로 가슴 조이던 부모님들의 마음을 안심시키듯 이제 저세상의 길로 간다고, 슬픔을 달래기 위해 저기 지붕 위에 올라 이름 석자를 마지막으로 크게 불러 드립니다. 살아 있는 이들에게는 이러한 과정 자체가 애도의 시간일 것입니다.

아무리 저라는 존재가 신과 인간의 사이에 살아간다고 해도 새벽의 문자, 한번이 아닌 계속해서 울리는 전화 벨소리에는 가슴이 서늘해 집니다. 그 짧은 순간 많은 다짐을 하고 또 눈을 질끈 감고 다시 뜨고서 심호흡을 한 후 핸드폰을 열어 봅니다.

'어머니가 돌아가셨어요.'

네, 그래요. 저 말을 들은 순간만큼은 저도 항상 무너집니다. 그렇게 아무리 객관적 거리를 두려고 해도 쉽지 않습니다. 어느 망재님이 되었다 하더라도 주마등처럼 지나가는 기억이 추억이 되고 눈물이 멈추지 않습니다. 그럼에도 함께 마지막 여정을 할 수 있는 기회를 준 단골네께 감사할 따름입니다.

항상 정정하실 거라 믿었던 할머니가 돌아가셨다고 연락이 왔습니다. 점사를 볼 때마다 여우 같은 도우미 아줌마가 할머니를 등한시하는 모습이 화경(畵鏡)으로 보여서 불같이 화를 내며 당장 바꾸라고 말하며 함께 걱정했던 순간이 가장 먼저 떠오릅니다. 우리 외할머니를 항상 떠올리게 했던 할머니. 이승의 마지막 길을 이렇게 함께 하게 된 저는 이제 그분과의 마지막 여행을 준비합니다.

망재가 되신 분의 종교나 상황에 따라 굿의 방법과 날을 잡는 방법이 다릅니다. 태어난 고향과 살았던 곳에 따라 이북 굿을 할지, 지방의 진오귀굿을 할지, 한양굿 진진오귀를 할지, 아랫지방에 맞추어 씻김굿 혹은 충청도 지방이라면 경문을 위주로 할지를 정합니다. 제가 모시는 영실을 담당하는 신령님께 묻고, 또 돌아가신 망재님께 물으며 상황에 맞추어 굿을 달리합니다.

새벽에 연락이 왔던 우리 할머님은 칠칠제를 지내고 진진오귀를 지내기로 합니다. 그리고 굿을 기다리던 다른 단골네 분들께 양해를 구합니다. 굿을 하기로 하고 순서를 기다리던 단골이셨다면 진오귀굿이 들어오면 그것을 먼저 하게 될 것이라고 이미 말씀 드렸기에 어렵지 않게 말을 꺼냅니다. 하나같이, 모두들 말끝에, 모르는 이의 의식임에도 누군지도 모를 할머니를 애도하며 굿이 잘 되길 기도한다고 말씀 주십니다.

우리는 알고 있습니다. 부모를, 형제를 먼저 보낸 적이 있거나 아님, 절대 생각 하고 싶지 않지만, 저 마음속 깊숙이 언젠가 그들을 보내야 한다는 것을요. 우리는 그렇게 알게 모르게 준비를 하고 있기에 잘 보내드리길, 의식을 잘 끝내길 기도드린다고 말할 수 있을 것입니다. 모두가 같은 마음. 한 번도 보지 못한 이의 일이 나의 일이기도 할 것입니다.

이제 할머니께 두 달 안 되는 시간 동안 조석으로 공양하고 서로 가까워지려고 노력합니다. 그러면서 돌아가신 우리 할머니 망재님께 여쭤봅니다. 좋아하는 게 무엇인지, 뭘 어떻게 해드리면 좋을지. 고운 우리 어머니 쑥스러워 차마 말을 꺼내는 게 쉽지 않으신가 봅니다. 그래도 저는 멈추지 않습니다. 살곰살곰 물어봅니다.

"미안해하지 마시고, 우리 따님이랑 자식분들이 다 잘하라고 준비해 줬어요. 좋은 마음으로 하는 거예요. 하고 싶은 거 다 말하셔도 되니까 천천히 생각해 봐요, 어머니"

할머니는 옅은 미소만 지을 뿐입니다. 그러다 며칠 뒤 문득 영가단을 지나는데 이 말이 스칩니다. 할머니께서 꽃이 좋다 하십니다.

저는 말 합니다. "어무니 내가 꽃이 전문이다. 매 제(祭)마다 꽃 올려드릴게. 걱정을 마셔요. 말해주셔서 정말 고마워요 어머니"

자잘하게 예쁜 꽃, 소담스럽게 핀 작약을 한국에서 공수해서 올리기도 하고 꽃시장에 나가, 복스런 꽃들을 담아와 꽃을 꽂아 올려 드립니다. 제가 점점 끝나가고 진오귀를 해야 할 즈음엔 먼저 가신 할아버님과 함께 오시면서 환하게 웃는 모습을 보여주기도 하셨습니다. 저도 같이 웃습니다. "별로 안 친했으면서 같이 계시네". 괜스레 한마디 하고 모른 척 전안으로 올라갑니다.

작두를 백번 타는 것보다 한 분의 영가님을 편하게 그들이 원하는 대로 이끌어 보내드리는 게 더 어렵습니다. 작두는 신령님이 타시니 두려움 없이 다 받아들입니다. 하지만 진오귀, 진진오귀에서 망재님껜 인간의 영역과 신의 영역 딱 가운데서, 쉽게 말해 맞춤 서비스를 해야 하는 것입니다. 굿이 끝날 때까지 영가 특유의 지기와 표적을 받는 것은 물론이거니와, 웃긴 표현 같지만, 영가마다 맞춤옷을 해드린다고 생각하면 정확한 표현일지도 모르겠습니다. 이리 계속 들여다 봄이 제일 중요하다고 봅니다.

앞의 할머님처럼 마음을 천천히 조심히 다 보여주시는 분들도 계시지만 사람의 성격도 이 세상에 난 길만큼 다 다르듯 망재님들의 원하는 것도, 한이 쌓인 것도 참 많이 다릅니다.

예를 들면 술을 잘 못 마시는 저는 영가님들과 작은 거래를 하기도 하지요, 나의 한잔은 망재님의 100잔! 이렇게 말입니다.

이제 며칠 남지 않았습니다. 할머니와 함께한 오십일에 의미 있는 게 무엇이 있을까. 완전한 망재가 되시기 전 중음에 계실 때 내가 해드릴 수 있는 게 무얼까 계속 생각하다 벌떡 일어나며 정말 기분이 좋았습니다. 여기는 외국이잖아!!! 저도 모르게 크게 소리칩니다.

가슴이 벅차오릅니다. 저는 가만히 생각하다, 오랜 병마로 외국 아니, 그 어디도 멀리 못 가셨을 할머니를 모시고 진오귀를 하기 전에 떠나기로 했습니다. 할머니랑 함께 말입니다. "이건 운명이야, 어머니. 생각해 봐 내가 한국에 있으면 비행기 타고, 옷 갖고 어떻게 모시고 와. 여기 외국에 내가 있으니 어머니 비행기 타고 여행 오신 거나 마찬가지지 어머니 자식들이 진짜 큰 효도한다. 그지? 어머니는 정말 자식들 잘 키우셨어요." 그 말에 할머니는 한가위 보름달보다 더 크고 둥글게 웃습니다. 돌아가셔도 우리들의 어머니는 모두 자식이 최고인가 봅니다.

몸이 없으니 옷을 모시고, 꼭 손에 가지고, 그리고 사진을 담은 태블릿을 들고 앙코르와트의 사원에 갔습니다. 사원 여기저기에, 돌 사이에 핀 꽃들에 함께 즐거워합니다. 산자도 죽은자도 모두 목욕을 하며 몸을 정화한다는 곳에서 할머니와 함께 합니다. 해질 무렵 할머니 옷을 하도 꼭 잡고 다녀 꾸겨진 옷을 다시 더 꼭 부여잡습니다. '어머니 가셔도 행복하셔야 해요. 알았죠?'

진오귓날. 그렇게 흐드러지는 벚꽃비 내리는 찬양을 받으며 먼

성스러운 호수, 왕실의 목욕탕이라 불리는 쓰라쓰랑

길 떠나신 우리 어머니.
이렇게 50일간의 긴 여정의 굿은 끝났습니다.

그리고 여기 또 다른, 누군가의 한 여식이 있습니다. 누가 봐도 사회적으로 성공했고, 참 잘 살아온 삶, 그럼에도 당신은 늘 불효녀라고 생각하는 중년의 한 여성이 계십니다.

한국에 잠시 나와 있을 때, 지인을 통해 그분의 아버님께서 돌아가셨다는 말을 듣습니다. 마음이 아립니다. 제일 먼저 제가 모시는 꽃 선생님께 전화를 드립니다. 그리고 사정을 말씀드리고 새벽에 가서 하얀 난을 경매에서 바로 받아 옵니다. 그 누구의 손도 타지 않고 비행기에서 내리자마자 새 꽃을 올리고 싶은 마음에 늘 함께 해주시는, 플로리스트 이상으로 저의 마음을 이해해 주시는 선생님이 감사할 뿐입니다.

난을 보내는 나름의 이유가 있습니다. 신은 꽃 위에 노니고 영가는 뫼 위에 노닌다고 합니다. 장례식장에 난을 보내면 그 크기와 난이라는 특성 때문에 영가 분 가까이, 안에 들여 옆에 두게 됩니다. 아버님을 모시고 가실 사자님이든, 시왕제석님이든 우리 아버님 너무 놀라지 마시고 돌아가신 거 천천히 잘 알게 해달라고 부탁하는 의미입니다. 그리고 꽃 공양 잘 받으시고 잘 지켜 달라는 마음으로, 부디 가셔서도 아버님이 외롭지 않기를 바랐습니다. 한 번도 뵌 적 없지만 늘 고집 쎈 아버지, 그래요 우리네 아버지 같아 마음이 더 그랬나 봅니다.

저는 나름의 이유가 있어 드물게 먼저 진오귀굿을 하자고 말씀드렸고, 따님께서도 시간을 가지고 생각하시고는 흔쾌히 그러기를 희망하셨습니다. 게다가 이번엔 캄보디아까지 직접 오시겠다고 하셨습니다. 사실 굿을 하러 제주도만 가는 것도 쉽지 않는데, 굿 공장 같은 곳이 아닌 곳을 찾다 여기 먼 타국 캄보디아까지 온 사연을 따님은 아시기에, 아버님을 뵈러 오시는 것이 더욱 감사하고 또 미안한 마음도 없지 않았습니다.

언제나 수학 공식처럼 부모님이 돌아가시고 나면 늘 불효하는 이로 남아 버리는 우리들입니다. 이렇게만이라도 부모님을, 그래요, 내 아버지를 만날 수 있다면 어딜 못갈까 싶기도 하지만 만신으로 살아오면서 그것도 아무나 못 하는 거라는 걸 압니다. 진심으로 사랑하고 사랑했기에 가능한 일입니다.

굿의 의뢰가 들어오고 굿이 끝나기까지 그 시간 동안만큼은 1초도, 잠자는 것마저도 헛되이 보내지 않으려 합니다. 굿에 참여하는 모두 망재님의 이야기를 들어주고 원과 한을 풀어주는 일에 집중합니다. 비슷한 일을 하시는, 영실(靈室)을 놓고 풀어줄 수 있는 분들은 아실 겁니다. 굿은 의뢰가 들어온 순간부터가 시작이고 예식이 끝나는 때가 비로소 끝입니다. 굿이 벌어지는 열 시간, 열네 시간이라는 시간은 잠시 보이는 정리의 시간이라고 보면 될 테지요. 그래서 위에서도 50일간의 긴 여정의 굿이라고 표현이 가능한 겁니다.

아버님은 이북 출신이라, 이북굿으로 준비합니다. 이북굿의 특성상, 이북 진오귀는 죽음의 순간, 바로 그때의 모습을 그대로 재현해서 보여줍니다. 그래서 매우 거칠고 말 그대로 무아지경에 들어가게 됩니다. 죽음의 순간에 들어가서 정신이 들 때까지 내 기억은 오분도 안 지난 거 같은데 한 시간 두 시간 넘게 누워서 못 일어나기가 일쑤입니다. 그래도 두렵지 않습니다. 이북굿으로 진진오귀를 하고, 영을 싣고 시왕제석님을 믿고 온몸을 맡깁니다.

우리 아버지, 뭔가 할 말이 너무나 많으신 것 같은데도 도무지 말을 안 하시는 아버님을 헤아리고 싶었기 때문입니다. 만신이라는 직업을 넘어서 한 인간으로서 아버지의 깊은 뜻을 조금이나마 알리고 싶었습니다. 그리고 알고 싶었습니다. 네 그렇습니다. 그렇게 사철나무 꺾어 와서 망재님으로 모셔 놓고 시왕제석님 모셔서 진심으로 한다면 뭔들 못하겠습니까. 그 수많은 굿 중에서 여기 아버님이 가슴에 사무친 이유는 단순하지는 않습니다.

굿이 시작됩니다. 아버지의 인생이 영사기기의 필름이 돌아가듯 머릿속에 돌아갑니다. 그리고 따님과 바자리분들과 악사분들께 일러줍니다. 제석님께서는 아버님을 싸고도십니다. 이런 망재 없다고 말씀하십니다.

무뚝뚝하지만 항상 온 가족을 책임졌고, 이 나라의 발전을 위해 말 그대로 한때 그는 '역군'이셨습니다. 진심만이, 노력만이 세상과 통하는 방식이라고 믿고 사셨지만, 이 세상은 먼저 아버지를 배신합니다. 가장 가까운 이의 배신이 도무지 믿기지 않습니다.

아이러니하게도 우리는 늘 그를 원망합니다. 그를 속인 건 세상

영면 전 뵀던 할아버님의 모습

이고, 가장 가까운 사람인데도, 신뢰와 노력과 정직을 바탕으로 살았던 그가 답답해서, 우리는 늘 그의 마음을 접어야만 했고 당신이 살아왔던 삶의 방식이 마치 틀린 것처럼 생각했습니다.

  여기까지 듣다 보면 혹시 느끼신 게 있으신지요. 네 맞습니다. 우리들의 아버지입니다. 여기 망재가 되신 아버님은 언제나 만나 왔고 언젠가 만났을 우리의 아버지와 같은 모습이셨습니다. 우리는 자주 우리들의 아버지를 부정했고 답답해했고 고지식하다며 손사래를 쳤습니다.

아버지 망재를 부르고 난 뒤, 아버지의 죽음이 만신의 몸으로 들어오기 직전, 나는, 아니 아버지는, 넋 놓아 소리를 지릅니다. 몇 번이고 소리를 지릅니다. 악을 쓰고 또 씁니다. 생애의 모든 아픔과 슬픔을 토설하십니다. 저는 그게 너무나 감사했습니다. 아버지는 저를 믿고 그렇게 저에게 와 주셨고 모든 아픔을 벗어 버리려 하십니다. 저의 몸은 온몸이 딱딱하게 경직되어 뒤로 넘어갔고, 넘어간 뒤로 기억이 한동안 나지 않았습니다. 어느 순간 따님의 울부짖음에, 방울 소리에 눈이 떠집니다. 내 딸 사랑한다고 마음속에서는 끊임없이 말씀하시지만, 몸에는 힘이 하나도 없어 어떤 말도 입 밖으론 못 하십니다.

하지만 마음속으로 또 말씀하셨습니다.

내 딸, 사랑한다는 말도 못 하고 미안하다, 미안하다, 미안하다, 나는 너가 대견하고 대견하다.
이렇게 만나는 방법이 있었구나. 항상 옆에 있어 주마. 걱정 마라……

그렇게 말씀하시지만, 손 하나 까닥하는 게 그렇게 어렵습니다.
말재간이 있으신 것도 아닌 우리 아버님, 만신의 입을 빌어 말하는 것도 어색한 상황이지만 아버지가 말씀하십니다. 너무 작아 잘 들리지도 않습니다. 하지만 저는 똑똑히 기억합니다.

아버지 그러니까 우리 자식보다 더 내 자식이었던 내 손주. 살아가면서 누군가를 만나면서 상처받고 남들보다 더 힘들게 산다고 할지라도 우리 손자가 사랑하는 이는 모두 "가족"이라는 말씀을 저에게 해주십시오.

그렇습니다. 아버지는 아셨던 것입니다. 손주가 사랑하는 사람이, 세상에 '내 사람, 내가 사랑하는 사람'이라 큰소리칠 수 없었던 상대였다는 것을 알고 계셨던 겁니다. 수많은 세상 편견 때문에 차마 할아버지께 사랑하는 이를 보여줄 수 없었던 손주.

아버지는 거추장스러운 여러 위치에서의 역할이 얼마나 당신을 힘들게 했었고, 당신의 부모가 힘들어했었고 또 당신의 자식들이 힘들어 했는지를 지켜보셨습니다.

가장 고지식한 하고, 얼어붙은 심장을 들고 사셨을 것만 같은 무뚝뚝한 우리 아버지는 우리 손주와 따님을 보며 자랑스럽다고 저에게 말씀하셨습니다. 이 시대, 최고의 진보주의자들을 뛰어넘어 휴머니스트가 되셔서 또 말씀하십니다.

사랑하는 이는 모두 가족이다.

따님은 자꾸 "아빠 크게 말해"라고 하지만 영가가 된 아버지의 힘은 그게 다입니다. 이렇게 만신이 기억해 기록하고 있으니 다행이다 싶습니다. 시간이 더 지나고 아버지는 정신이 드셨습니다.

아버지는 아들보다 더 아들같이 키우던 손주의 목소리를 듣고 한없이 눈물을 흘리십니다. 그리고 딸의 염려를 붙들어 매는 약속을 했고 이제 마지막으로 면 소창을 세 가닥으로 갈라 이승의 모든 맺힘을 묶고 풀어, 그렇게 가셨고 굿이 끝났습니다.

마음이 시원섭섭하다고 표현하는 게 맞는지 모르겠습니다. 굿이 끝나고 나면 잠을 이룰 수 없습니다. 마음이 복잡해 집니다. 그건 언젠가는 행해야 할 내 부모의 일이기도 하고, 내가 정말 사랑하는 이들을 위해 신명을 올리며 울며불며 진오귀굿을 해야 하는, 나를 생각하면서 나온 감정 때문이기도 할 것입니다.

준비 없이 떠나보낸 자식들과 주변 이들은 눈물과 후회가 애도의 전부일 것이기 때문입니다. 하지만 이런 영적인 보냄의 과정을 통해 하나의 의식으로 '지금은 존재 하지 않음' 하지만 ' 언제나 우리 마음속에 있음'을 받아들입니다.

  그리고 마지막으로 우리 아버지가 해주신 말씀을 잊지 마시길 부탁드리고 싶습니다.

"사랑하는 이는 모두 가족이다."

앙코르와트의 사원

* 49재와 진오귀굿

  물리적 세계에서의 죽음 이후에 영혼은 자신의 몸을 빠져나오고 현생의 기억은 멀어지기 시작합니다. 죽은 사람의 영혼은 이승과 저승의 사이, 죽음의 사이에서 49일 동안 머물게 된다고 합니다. 불교에서 이르는 저승의 법에 의하면 모든 인간은 사후 49일 동안 7번의 재판을 거쳐야만 합니다. 7개의 지옥에서 7번의 재판을 무사히 통과한 망자만이 환생하게 됩니다. 조상과 조상의 영혼을 숭배하는 유교적 사상과 불교의 윤회 사상이 합해져 불교에서는 사람이 죽은 다음 7일마다 불경을 외우고 재를 올려 망자가 다음 세상에 좋은 사람으로 태어나기를 바랍니다. 49재 혹은 칠칠재라고 부르고 재는 차례 제(祭)가 아니라 재계할 재(齋)이므로 엄밀히 말하면 49재가 맞습니다.

  진오기굿 혹은 지노귀굿은 경기도 일대에서 전해져 내려오는 굿으로, 진오기는 진혼귀(鎭魂鬼)로 보아 죽은 영혼을 달랜다고 보기도 하고, 지노귀(指路鬼)로 보아 혼령이 가는 길을 알려준다는 의미로 보기도 하지만 한자어가 아닌 순우리말일 수도 있습니다. 죽은 지 49일 안에 무당을 불러 행하며 저승길의 안전을 축원하고 죽은 사람의 영혼을 극락세계나 그들이 원하는 세계로 보내는 굿입니다.

> **궁금했어요**
> 장애인과 비장애인과의 사랑 혹은 LGBTQ 안에서의 사랑, 더 나아가 이 사회에 이해받을 수 없는 사랑을 하는 나는 어떻게 해야 할까요?

이 힘든 세상, 굳이 이해받을 필요 없이 사랑에 집중하세요. 그럼에도 불구하고 내 생활 반경에서 이해를 받기 위해 차이와 차별을 이해하지 못하는 이들을 상대하시겠다면 응원하겠습니다. 하지만 짧은 인생, 나를 인정해 주는 공동체나 그런 집단, 더 나아가 영토를 함께 하세요.

함께 목소리를 냅시다. 다르다는 '차이'가 옳다 그르다의 '차별'로 이어지는 어디든, 소중한 여러분이 부당한 대우를 받을 이유가 없기 때문입니다.

---

* LGBTQ는 성적 소수자 커뮤니티의 다양한 정체성과 성적 취향을 포함하는 용어입니다.

지기와 표적

  지기(혹은 표적)를 받는다는 말을 들어 보셨는지 모르겠습니다.
  굿을 앞두거나 기도하는 중에 영가를 만나는 것, 사고를 당해 돌아가신 분의 죽음의 순간이 그대로 몸에 재현되는 것, 심지어 처음 오시는 분이 문턱을 넘어서기도 전에 그 사람을 미리 느끼는 것 등등 이 모든 것이 '지기와 표적'입니다.
  그 사람을, 그 혼의 특이성을 있는 그대로 느끼는 것입니다. 만신의 공감력으로 체화하는 것입니다. 이렇게 말씀드리면 어떤 분들은 영화 '엑소시스트'의 귀신 들린 장면을 떠올려서 난감하기 이를 데 없습니다. 지기와 표적은 공감의 체화이지 제 몸을 귀신에게 주는 것이 아닙니다.
  어떤 날은 마른 얼굴로 어떤 날은 퉁퉁 부은 얼굴로, 며칠 만에 만났는데 달라져 버린 저를 보고 놀라는 상대방을 보며, 제 얼굴을 제가 몰라 놀라기도 합니다. 하루 종일 피지도 않는 줄담배를 피워대고 마른 가래가 끓어오르는 날이면 여태 살아보지 못한 반백 년을 대신 사는 셈인 겁니다. 열로 달뜬 며칠을 보내고 화장실 변기를 붙들고 고꾸라져 있으면 인간으로서 패배감이 들어 슬퍼

지지만, 굿을 끝내고 작두에서 내려오며 영가들의 감사를 받으면 이보다 더한 보람은 없다는 생각도 듭니다. 실제 무속인들은 지기와 표적을 신이 보내준 선물, 재능이라 여깁니다.

『부적 레시피』를 보시면서 현대의 신 '과학과 상식'이라는 벽을 계속 맞닥뜨리고 계실 것입니다. 현대 만신의 위치가, 하늘과 땅 가운데에서 소통하던 위치에서 땅끝으로 끌어내려져 있기에 글을 읽으면서 계속적인 회의와 의문을 품는 것도 당연합니다.

하지만 바로 옆에 있다고 해도 보이지 않는 것이 있습니다. 증명하지 못한다고 해서 없는 것도 아닙니다, 설득되지 않는다 해서 틀린 거라 단정할 수도 없을 것입니다.

2020년 봉준호 감독은 〈기생충〉으로 골든 글로브 외국어 영화상을 수상하며 소감을 남겼습니다. "자막의 장벽은 장벽도 아니죠. 1인치 정도 되는 장벽을 뛰어넘으면 훨씬 더 많은 영화를 즐길 수 있습니다"

당연한 말이지만, 1인치의 자막의 견고함보다 더 견고한 것이 각자의 신념입니다.

간이 휴게소 특별 레시피

엄마의 잔혹사에 고함

　이은미의 '찔레꽃'이란 노래를 들으면서 난 이상적인 내 엄마를 머릿속에 그렸습니다.
　늘 자상하고 말없이, 묵묵히 날 지켜봐 주는 엄마. 드넓게 펼쳐진 찔레꽃밭에 바람 솔솔 불면 우리 엄마 치맛자락 하늘거리고, 난 "엄마"하고 달려가 가슴에 폭 안깁니다. 엄마는 내 머리를 쓰다듬어 주시고, 어디 아픈 데는 없는지 이리저리 매만져 주시지요.

　노래가 끝나고 눈을 뜹니다. 다시 현실, 내 현실의 기억은 찔레꽃 가득한 언덕 속 엄마가 아닙니다. 시인 기형도의 '엄마 걱정'이라는 시처럼 눈시울을 붉게 만드는 그런 엄마도 아닙니다.

　유년의 강렬한 첫 기억은 엄마와의 숨바꼭질이었습니다. 엄마는 나를 따돌리고 나는 들키지 않고, 그런 엄마를 끝끝내 쫓아갔던 일입니다.
　우린 서울 변두리의 검은 대문집에 살았고 창문 너머에는 개천이 흘렀습니다. 겨울이었고, 해가 방금 떨어져서 푸르스름한 대로

변 가게 간판에 하나, 둘씩 불이 켜졌습니다. 눈 온 뒤 거리는 질척했고 하얀 눈이 검게 물들어서 이리저리 사람들 발끝에 채였습니다. 엄마는 집에서 누군가와 전화 통화를 하더니 나보고 잠시만 있으라고, 엄마 금방 나갔다 온다고 했습니다.

빤히 엄마를 바라보다, 나는 질세라 엄마가 나갈 채비하는 동안 나도 옷을 입고 목도리를 동여매고 엄마보다 먼저 대문 앞에 섰습니다. 그러자 엄마는 나를 불러들여 장롱 속 사탕을 손에 쥐어주며 집에 있으라고 했습니다. 정말 금방 다녀온다고 말했습니다. 내가 방 안에 앉는 걸 보고서야 엄마는 뒤돌아섰고 안방 문을 열고 나선 엄마 뒤로 검은 대문이 철커덩하는 소리가 들렸습니다. 나는 엄마 앞에서 벗은 척하고 내려놓았던 목도리를 다시 동여매고 대문을 열고 나섰습니다.

골목을 지나 대로변으로 엄마가 사라질까 달려갔습니다. 놓치지 않았다는 생각에 안도의 한숨을 쉬었습니다. 멀리서 몰래 따라가는데 나는 네가 이미 이럴 줄 알았다는 듯 엄마는 자연스럽게 뒤돌아서 "어서 집으로 돌아가"라고 소리칩니다. 가만히 눈사람처럼 얼어버렸습니다. 엄마는 이내 나에게로 달려와선 때리는 시늉을 하고는 집 쪽으로 손을 휘휘 내저었습니다.

나는 집으로 돌아섭니다. 하지만 싫었습니다. 집으로 돌아가기 싫었습니다. 왜 그랬는지는 정말 모르겠습니다. 그것밖에 기억나지 않습니다. 혼자 있는 거, 엄마가 없는 거, 그런 마음이었을까요. 시인이 말한 '엄마가 없어 목메게 기다리는 그 아련함'도 아니었습니다.

나는 발길을 엄마 쪽으로 다시 돌리고 엄마의 뒤를 밟았습니다. 엄마가 보이지 않았습니다. 거리의 상점에서 켜놓은 불빛과 어슴푸레한 가로등, 해지기 직전의 푸르스름한 빛과 검은 하늘이 교차하던 그때 "엄마엄마"하고 앞으로만 달렸습니다. 어느 틈에서 나왔는지 엄마는 달려가던 나를 낚아채 엉덩이를 호되게 때렸습니다. 나는 펑펑 울었습니다. 이유를 알 수 없었습니다. 엄마가 그렇게 매몰차게 때려 가면서 나를 떼놓아야 할 이유 말입니다.

기억 나는 건 엄마가 푸념하듯 집으로 가라고 중얼거렸던 것, 한참을 밀치고 당기고 하는데 느껴지는 힘없는 엄마의 손길, 그리고 눈물을 머금은 엄마의 눈빛을 봐 버린 것입니다. 발가락에 박혀 빠지지 않는 미세한 유리가루같이 어느 밤이면 예고도 없이 그것들이 떠올라 내 가슴을 아프게 합니다.

엄마는 꼼짝하지 않는 나를 보며 그제야 포기하셨나 봅니다. 엄마는 나를 이끌고 두어 명의 아줌마들이 모여있는 곳으로 데려갔습니다. 양쪽 건물 사이로 천막을 쳐 골목 시장 안에 마련된 실내 포장마차. '간이음식점'이라고 빨간 글씨로 쓰여 있는 걸 더듬더듬 읽어내며 테이블도 아닌 주방을 중심으로 바를 만들어 놓은 자리에 앉았습니다. 아줌마들 옆에 나란히 앉은 엄마에게 훌쩍이며 딱 붙어 앉았습니다. 순대가 한솥 김을 내고 있었고, 술판이 이미 길었던지 소주병 두, 세 개가 비어 있었고 거나하게 취한 풍땡이 아줌마, 주차장 아줌마는 나를 마냥 이뻐해 주셨습니다. 엄마는 아줌마들 앞에서 내게 핀잔을 주었지만, 자리를 바짝 땡겨 앉혀 먹을 것을 야무지게 덜어주셨습니다. 시간은 가지 않고 '간이 휴게소'를 수천 번은 반복해서 읽어보아도 술판은 끝나지 않았습니다. 중간에 엄마는 우는 듯 '에이 괜찮아'했고 풍땡이 아줌마가 엄마의 등을 토닥였고. 주차장 아줌마는 엄마에게 술을 권했습니다. 엄마는 확실히 울었습니다. 하지만 왜 울었는지는 나는 아직도 모릅니다.

그리고, 그리고, 그리고…

그다음에 어떻게 집에 돌아왔는지 무슨 일이 있었는지는 기억이 나지 않습니다.
이것이 나와 엄마의 첫 개인적 관계, 소통이라고 말할 수 있었던 첫 '기억'입니다. 아버지라 불리는 타인과 형, 누나라는 타자를 배제하고서 나와 엄마가 인간 대 인간으로 처음 만난 시간, 아니 첫 '나만의 엄마 기억'입니다.
엄마는 술을 마시고 나는 그녀를 기다렸습니다. 엄마는 무언가 아파했고 저녁에 밥을 지어 주지 않고 술을 마시러 나갔습니다. 엄마는 그래야만 했던 사연을 가진 한 여자이기도 했습니다.

시간이 지나서 지금에야 가늠해 볼 수 있는 것은 엄마는 첫째인 누나를 낳고서 아버지에게 속아서 결혼했다는 것을 알게 됩니다. 이미 아버지에게는 자식이 있었고, 그 자식은 정신지체아였다는 것, 그리고 그가 어느 날부터 찾아오기 시작했다는 것, 아버지가 처음 결혼했던 사람은 지방 유지의 정신지체아 딸이었고 아버지는 단지 정신지체아와 결혼한 사람이지 사위 취급을 받지 못해 모든 걸 버리고 돌아섰다는 것.

나중에 나이가 들고서 저는 엄마를 붙잡고서 누나를 낳았을 때 알았음 그때 도망가지 왜 그러고 살았냐고 엉엉 울었는데, 그런 나에게 엄마는 말했습니다. 누나가 너무 불쌍했고 이미 알게 될 때쯤 형을 임신하고 있어서 그럴 수 없었다 했습니다.

그녀는 어린 새끼 셋이 자신만 바라보고 있었고, 개천가, 복개 공사도 하지 않아 똥물이 흐르던 중랑 천변 위 판잣집에 살아야 하는 그 설움과, 그것을 선택한 후회와 또 그렇게 선택해야만 했던 여러 상황을 이유로 그렇게 술을 마시며 가슴을 누르고 눌렀나 봅니다.

엄마는 그렇게 누르고 누르다가 올라오면 술을 마셨습니다. 시간이 지나고 함께했던 엄마의 삼총사 뚱뚱이 아줌마는 심장마비로 돌연사하셨고, 아들을 낳지 못해 늘 매 맞고 살았던 주차장 아줌마는 엄마한테서 떠났습니다. 엄마 곁을 떠나지 않는 나 때문에, 더 아들을 못 낳는다고 주차장 남편이 미쳐 날뛰어서 그랬답니다. 그리고 우리 가족이 살만해져 그곳을 나오게 될 때쯤 그분과 거리가 멀어지고서 엄마는 더 술에 의존하셨던 것 같습니다.

엄마의 친구는 엄마밖에 없었나 봅니다.

맨정신의 엄마와 술에 취해 더 이상은 참지 않아도 되는 엄마. 그 둘에서 손에 술병을 들까 말까, 천만번을 고민했겠지요. 스스로 구차한 변명을 해가며, 울컥하는 마음에 잽싸게 병목을 채어 잡으며.

그런 단어가 흔하지 않던 그 시절, 엄마는 알코올중독, 알코올 의존증을 앓았고, 토사물에 쓰러진 엄마를 깨워서 몇 번이고 데리고 와야 했던 나의 유년은 누구에게도 말할 수 없는 금기의 영역으로 가슴속에 묻었습니다.

나는 엄마에게 엄마가 왜 그렇게 술을 드셔야 했는지, 술은 왜 그녀의 친구가 되었는지 근사한 이유를 만들어 주고 싶었습니다. 그녀의 삶에 국가가 인정해 준 힘든 시절, IMF가 터졌고 그때부터 집안이 망해서 어머니가 술을 드시기 시작했다고 다른 사람에게 말해왔습니다. 엄마에 대한 최소한의 배려일 것 같았습니다.

내 아집 혹은 신념이라고 불리는 나의 감정들로, 당신의 장례식에도 참석하지 않겠다고 선언하고서 엄마를 보러 가지 않는지 몇 년이 지났는지도 모를 지금 나는 그녀가 보고 싶습니다. 하지만 나는 금세 마음을 접습니다. 내 가슴속에 새겨진 엄마는 이렇게 활자로나마 마주할 수 있어도 세월을 맞아 주름이 팬 현실의 엄마를 받아들일 수는 없어서라고 애써 변명을 해봅니다.

나는 수없이 과거의 엄마에게 제발 술 좀 그만 먹으라고 소리 지르고 술을 끊을 때까지 절대 집에 들어오지 않겠노라고 선언하고서 집까지 나갔습니다. 하지만 술을 마시고 있던 그녀의 모습을 다시 봐야 했고, 알코올 치료를 위해 병원에 모시고 가려고 수차례 싸움을 해댔고, 술을 먹는 이들에게 협박도 해봤으며, 엄마를 사람 아닌 술 먹는 기계로 취급하기도 해보았습니다.

지주막하 출혈이라는 뇌출혈이 있은 후로 중독증은 잦아들었지만 그녀의 친구는 술이었기에, 사람이 친구를 만나 인사하고 안부를 묻듯이 다시 술을 찾았습니다.

어느 날 문득 그녀에게 술을 먹으라 먹지 마라 말하던 내가 참 바보 같다는 생각이 들었습니다. 그 이전에 나는 이렇게 먼저 말했어야 했습니다.

"엄마, 친구가 되어주지 못해 미안해, 엄마는 잘살았고 잘 살았어. 엄마, 사랑해"

- 이 땅의 모든 어머님께 바칩니다 -

상담사례

　어머니 환갑입니다. 요즘이야 환갑이 대수가 아니라지만 그래도 막상 때가 되니 무엇을 준비하면 좋을까 하고 동생과 고민을 하고 있습니다. 대체로 저희 세대의 부모님들이 비슷할 것이겠지만, 저희 부모님 역시 베이비붐 세대답게 돈을 버는 것이 중요했습니다. 모두 다 어려운 환경에서 살아온 시절이다보니 내 자식, 내 가족은 무시당하지 않고 살았으면 했을 테죠. 어머니가 그런 마음으로 정말 쉬는 날도 없이 전전긍긍하신 덕분에 큰 걱정 없이 자랄 수 있어서 감사하기도 하면서도, 한편으로는 돈을 버는 것 자체가 어머니 삶의 목표가 된 것은 아닐까, 걱정이 들기도 합니다.

　한동안 어머니 생신 선물로 적당한 금액의 봉투를 준비하다가 문득 어릴 때가 생각이 났습니다. 무척 어렸을 때 어머니 생신이라고 무엇인가 사드렸더니 "쓸데없는 것에 돈을 쓰고 있다"며 혼난 기억이 있습니다. 사실 그때의 선물이 너무나도 쓸데없는 것이 맞아서 지금 생각하면 민망하기도 하지만, 그럼에도 어머니에게 무엇인가를 해드리거나 할 때면 매번 '쓸데없는 것에 또 돈을'이라는 말부터 떠오릅니다. 그러다 보니 제가 돈을 벌게 된 즈음에는 자연스럽게 돈 봉투를 드리는 것이 더 편했고, 어머니도 대체로 그것을 만족스러워 하시더라구요. 시간이 지나니 저는 그런 식의 선물이 슬퍼져서 이제 어머니께 너무 그러지 마시라고, 돌이켜보면 작은 것이라도 서로 선물 주고, 받고, 행복해하는 그런 경험이 우리 가족에겐 없었다고 얘기를 한 적은 있습니다.

> 아무튼 우여곡절은 많았고 여전히 어머니에게 삶에 어떤 목적이나 소원에 대한 얘기를 할라치면 한 치의 망설임도 없이 부자 되게 해달라 하십니다. 그것이 그 세대의 보편적일 수 있는 모습이며, 또 가족의 안녕을 위한 마음에서 나온 것임을 잘 알고 있지요. 그럼에도 어머니가 돈보다 다른 삶의 재미와 보람을 가지셨으면 좋겠습니다. 더욱이 그것이 지금의 어머니 건강에도 영향을 미치기에, 아들로서는 보통 걱정이 아닐 수 없습니다.

엄마에게

엄마야. 아들이 너무 하고 싶은 말이 있어. 딱 한 가지.

내가 이렇게 열심히 살고, 누군가에게 해 끼치지 않고 정말 최선을 다해 하고 싶은 일을 하면서 살면, 난 엄마, 이 세상의 모든 걸 엄마에게 다 해줄 수 있을 거라고 생각했는데. 사는 게 엄마 말대로 녹록지 않나 봐.

그래도 사랑하는 여사님. 나는 말야 이 세상에서 가장 이쁜 여사님의 꽃잎이잖아. 앞으로 더 쉽지 않을 이 세상에, 모든 걸 엄마에게 다 해줄 그 마음이 아직 가슴 뜨겁게 타오르고 있다는 걸 잊지 마, 엄마.

싸랑합니다 여사님.

토왕신기만세부

더 가벼워야 할 당신의 삶을 위한 **부적 레시피**

5

세상 밖으로

더 가벼워야 할 당신의 삶을 위한
부적 레시피

5. 세상 밖으로

> 수천 수억만 꽃이 피어나게 하는 레시피

꽃피는 당신, 응원합니다.

학업 대성취 달성부

우리는 누구나 시험을 봅니다. 한국에서 태어나고 자라온 우리 기억 속 시험, 특히 대학입시는 인생에서 유독 독한 기억으로 자리 잡고 있습니다. 대입을 지상 마지막 미션처럼 생각하지만 사실, 대학 진학 이후 토익, 입사, 승진시험, 자격증 등 사회에서 치르는 것까지 시험은 끝이 없는 것 같습니다. 시험이라는 제도는 꼭 필요한 제도일 것입니다. 자격을 갖춘 자를 등용하는 가장 평등하고 합리적인 방법이기도 하고, 학연과 지연을 사라지게 합니다. 시험이라는 과정을 통해 물려받은 것이 없었던 이들도, 새로운 기회를 얻기도 했습니다. 사법시험이 사라지고 로스쿨이라는 제도가 생겨났을 때, 로스쿨의 등록금을 감당할 수 없어 다수의 학생들이 법률가의 삶을 포기해야 했지요. 그래서 '개천에서 용난다'는 속담은 이제 볼 수 없겠다고들 했습니다.

비단 우리나라뿐만의 이야기는 아닙니다. 인도의 경우 한 '도시'가 커다란 입시학원이라 합니다. 도시가요. 대학 시험을 준비하는 이들이 모이는 도시로 유명한 코타(Kota)에서는 수험생들은 눈을 뜨면 경쟁자와 치열하게 공부하고 잠들 때도 주변 이들이 자는지를 살펴야 한답니다. 다른 학생들이 자지 않고 있는데 먼저 잠이 드는 날이면 죄책감에 시달려야 한다고들 합니다. 남의 이야기가 아닙니다. 어쩌면 우린 한 나라가 다 입시학원 같으니까요. 시험에 인생의 당락이 달려있는 것마냥 인도나 한국의 또래들은 입시에 진심입니다.

여기 한 만신이 보고 듣고 겪고 있는 한국 사회의 시험 이야기를 들려드리려 합니다. 지금 입시를 치르고 있을 우리들의 이야기, 우리 자녀들의 이야기입니다.

저에게 9월은 연말연시만큼이나 정말 바쁜 달입니다. 한국에서는 입시의 꽃, 대학입시 중에서도 수시 접수가 한참 이루어지는 시기입니다. 이때만큼은 또 손님들 사이에서 양보가 시작됩니다. 점사가 한참 밀려 있어도 입시 손님이면 먼저 앞으로 당겨서 점을 봐 드립니다. 우선 수시는 시기가 정해져 있기 때문에 그 전에 어떤 공수라도 내놓아야 하는 의무감이 있기도 하고요, 그런 의무감을 가지게 된 가장 큰 이유는 우리가 원하든 원치 않았든 초등 교육부터 고등 교육까지 결국 이 입시를 원만하게 넘어가기 위해 부모도 학생도 여태 버텨 왔다는 걸 잘 알기 때문입니다. 저뿐만 아니라 예약을 양보해 주시는 많은 손님들도, 이미 겪어온 한 사람으로서 그 절실함을 말하지 않아도, 너무나 동감하고 그 심정을 잘 알고 있기 때문입니다.

점사의 질문을 정리해 보면 이렇습니다.

1. 시험에서 통과할 수 있을까요?
2. 이 시험을 보는 게 맞을까요?
3. 올해 대학에 갈 수 있을까요?
4. 수시에 어떤 대학을 쓸까요?
5. 수시에서 떨어지면 정시를 준비할까요? 말까요?
6. 정시를 보면 시험을 잘 볼까요?
7. 재수한다고 말씀 주시면 그럼 내년에는 잘 갈까요?

입시제도도 예전과는 다르게 여러 변화의 과정과 다양한 시도로 '합리적'으로 변경됐고 그 결과 지금의 입시전형이 만들어졌습니다. 분명 좋은 방향으로 평가하고, 과정을 좋게 변화시키려 했고 그렇게 되었다고 믿고 싶습니다. 하지만 제가 느끼는 입시의 체감도는 저도 겪지 못했던 소 팔아 대학을 보낸다고 해서 생긴 우골탑이라 불리던 시절과 크게 달라진 게 없어 보입니다.

국·영·수에 충실하고 등급이 높으면 갈 수 있는 학교의 문은 활짝 열렸습니다. 저 모든 질문이 필요가 없을 테지요. 말 그대로 국영수와 선택 과목 모두 모두 1등급에 수능까지 만점이면 이렇게 점수가 나왔다면 다 잘 갈 수 있겠지만 우리가 사는 인간사는 그리 완벽하긴 어렵습니다. 잘하는 부분도 있고 못하는 부분도 있는 게 일리가 있지요.

이런 상황에서 대학입시의 수시전형에서 6개 학교를 선택하는 것은 녹록지 않습니다. 낮게 써서 붙어도 문제, 높게 써서 다 떨어져도 문제, 정시전형에도 마찬가지입니다. 하향 지원해서 자기 실력을 전부 보여주지 못해도 아깝고 너무 상향 지원만 해서 충분히 갈 수 있는 대학을 놓치는 상황은 더 아깝기만 합니다. 이런 부분에서 제가 도움을 드리게 되지요. 선택의 과정에서 하는 도움이기에 정말로 초집중 그 자체입니다. 모든 신들에게 간절히 조아리고 묻고 또 묻습니다.

점사를 보시는 부모님들이 항상 말끝에 이런 말씀하십니다. "입시는 운이라더니 정말 그렇네요." 저 질문에 어떤 답도 드릴 수가 없었습니다. 암묵적 동의일 수도 있을 테고, 그만큼 치열한 입시를 은유적으로 표현하신 것에 대한 '동감'이기도 할 것입니다.

혹시 이런 질문을 스스로 해보신 적이 있나요? 정말로 똑같은 사주팔자를 가지고 태어나고 그 나이대에 있는 아이들 중에 생년은 물론이고 월일뿐만 아니라 생시까지 똑같다면, 여기서 꼭 붙여

학업 진취부 | 뜻한 바, 자신이 원하는 학업에 대한 소원이 이루어지는 부

야 할 전제조건, 최고로 공부를 잘하는 이들이고 입시를 준비하는 이들이라면 어떤가요. 그렇다면 모든 과학고와 특목고 그리고 서울대 의대에는 이런 친구들만 모여 있어야 하지 않을까요?

그러지 않는 이유는 무수히 많습니다. 그중에서 가장 크게 영향을 미치는 것은 주변 환경의 차이와 살아가는 자의 마음가짐의 차이입니다. 아무리 좋은 대학을 가는 생시를 타고났다고 해도 그것을 만드는 것은 그 아이와 아이 주변의 관심일 것입니다. 이것도 운이라면 운이라고 볼 수 있을까요.

어른이 돼서도 우리는 수많은 시험과 마주합니다. 세분화된 전문직에서의 자격증부터 회사에서의 승진시험, 운전면허증까지 말이죠. 내가 원하는 무언가를 이루어 나가기 위해 시험을 하나씩 거치기도 하고 물론 그렇지 않아도 되는 삶을 살기도 합니다.

그 어떤 자격증으로도 내 '자격'을 표현할 수 없는 삶이 있기도 합니다. 저 같은 경우가 그렇습니다, 하지만 저 같은 경우가 아니라도, 자격증이나 학벌이 없어도 누구보다 지혜롭고 자유로우며 많은 돈을 벌고 살 수도 있습니다.

한 가지 명확하게 말하고 싶은 것이 있습니다. 사람마다 인생에서 꽃을 피우는 방법과 시기가 모두 같을 수는 없다는 것입니다. 인생에서의 '꽃 같은 시절'과 그 '첫 꽃이 피는 시기와 방법'은 60억 인구의 생김새 하나하나 다르듯 모두 다를 것입니다.

꽃들은 계절이 달라질 때마다 다르게 또 그 계절에 맞는 꽃으로 피어납니다. 똑같은 모양의 꽃은 없습니다. 생김새가 다르게 만개(滿開)하는 셀 수 없는 수많은 꽃들처럼, 우리 아이들 혹은 우리가 만개하는 시기와 방식은 모두 다 다르다고 말씀드리고 싶습니다.

말 그대로 '시대의 대세'에 벗어나지 않고 보통의 삶을 사는 것을 가장 귀하게 여기는 먼저 살아온 이들의 지혜를 빌려보나, 지금을 살아가는 현실적인 삶에서의 실질적인 조언을 한다고 생각을 해도 대입이나 어려운 시험을 잘 통과해서 남들이 부러워하는 삶, 혹은 보통의 삶을 사는 것은 중요합니다. 주변의 이들이 바라

볼 때의 그들의 삶은 정말 빛나 보입니다. 하지만 우리는 정작 알 수 없습니다. 그들이 스스로 만족하고 있는 삶을 살고 있는지. 그건 본인만 알 것입니다. 그렇다고 불행하다는 말은 아닙니다. 우리가 동경하던 삶을 살고 있거나 적어도 평범한 이들처럼 살아가는 사람들의 속내는 그들이 말해주기 전까지 모를 것입니다.

부모의 위치에서 자녀가 대학을 가지 않고 그 대신 그 시간에 내가 원하는 무언가를 먼저 해보겠다고 했을 때, 우리는 무작정 반대하는 대신 그 아이의 반짝이는 눈빛을 들여다보아야 합니다. 혹은 집안 사정이나 아이의 성격이나 기타 다른 사정으로 대학 아닌 다른 대안을 선택할 때 그건 실패가 아닙니다. 방식의 차이입니다. 그리고 어쩌면 그때는 그럴 수밖에 없는 시기, 평범에서 비범한 삶으로 빛을 내고 꽃피울 인재이기에 그런 선택의 길이 생기는 것이라고 저는 확신합니다.

시험 통과가 늦어지고, 소위 말하는 대세의 삶을 따르지 않는다고 해도 원하는 그 삶은 그 개개인의 전체의 삶에서 절대 늦어진 것도, 남들보다 못한 시작이라고도 볼 수 없을 것입니다. 타인과 비교된 삶이 내 삶이 아니라, 내가 내 삶을 만들어 가는 게 중요한 것이니까요.

그리고 너무나 공부를 잘하고 싶고 꾸준히 하고 싶지만 소위 말하는 좋은 대학에 들어가지 못한다고 농담이라도 공부는 다음 생에, 라며 다음 생을 기약할 필요도 없습니다. 누구는 대학보다 취업이 훨씬 잘되는 경우가 있습니다. 또 뒤늦은 공부로 이전에는 생각지 못했던 자신의 길을 찾기도 합니다. 어느 순간, 어느 공간에서 또 여러 갈래의 방식으로 자신의 길을 찾아 새로운 길을 개척해 나갈 수 있을 것이기 때문입니다.

  만신으로서 이 땅의 모든 수험생들에게 당신이 이루고자 하는 그 모든 것은 이루어진다는 것을 말씀드리고 싶습니다. 제발 부디 먼저 스스로 포기만 하지 마십시오.

  이 땅의 '삶이라는 시험'을 살고 있는 '모든 수험생'들에게 말하고 싶습니다. 가슴에 씨앗을 뿌리고, 새싹을 피워 꽃이 만발하기를 기다리며 삶이라는 시험을 어렵게 한 단계 한 단계 쳐서 통과해 내며 지나가고 있는 이들에게 말씀드리고 싶습니다. 저는 당신의 꽃이 어떻게 생겨서, 내 마음을 그리고 당신 주변과 이 세상의 사람들을 홀릴지 궁금하다고.

  부디 '시험'이라는 이 과정에서 포기만 하지 말길 다시 강조해 말씀드립니다. 그 꿈만큼은 접지 말길, 만개하는 그날까지.

목적달성부

목적달성부 · 학업부 (드엘리스 제공)

상담사례

안녕하세요.
미술작업을 하는 사람입니다. 제가 하는 일에 대한 부적을 부탁드립니다.

저는 미술작업을 자신의 세계를 표현하고, 꿋꿋이 그 세계의 길을 가는 것이라고 생각합니다. 이 길을 흥이 나게, 길게 오래오래 나아가려면 사회의 인정이 필요합니다. 사회의 인정이란 주변인의 칭찬과 격려, 동료, 상장, 지원금, 기회 등을 예로 들 수 있습니다. 요즘 같은 세상에서는 인정받으려는 욕구에서 누구도 자유로울 수 없다고 봅니다. 아마 대부분의 작가들도 그러리라 생각됩니다.

저 역시 인정받기 위해 각종 평가를 이제까지 받아왔고, 앞으로 받을 것입니다. 그런데 평가에서 결과가 좋지 않거나 다른 작가들과 비교가 되면 마음에 상처받고 헤어 나오기가 힘들어질 때가 많습니다. 그런데 이렇게 마음의 상처가 쉽게 생기는 약한 멘탈이 다시 평가의 대상이 되기도 합니다. 그래서 더 좌절하게 됩니다. 이런 상황에는 '실력을 쌓으면 된다', 는 진리 같은 해결책이 있긴 합니다만. 그전에 유약한 마음을 보듬어 주고 싶어요. 요즘 따라 더 지치고 가슴에 구멍 난 듯 휑한 느낌입니다.

제가 마음을 잡고 작업의 길을 잘 이어갈 수 있도록, 의지와 믿음을 주는 부적을 부탁드립니다.

> 겸허한 느낌으로 썼지만, 사실 솔직하게 "대박 작가가 되는 부적을 부탁드립니다" 라고 쓰려다 말았습니다. 쉽게 요행을 기대하고, 부적이 행운을 쉽게 얻어내는 수단이 되는 것은 아닌 것 같아서 차마 그런 부탁은 못 드리겠더라고요. 이건 제 마음속 정직한 세포의 생각이고, 저쪽 저 아래에 있는 속물 세포는 대박 작가가 되는 운을 쬐금 넣어 달라고 외치는 소리가 들립니다. 하하.
> 은혜로운 부적 잊지 않겠습니다. 감사합니다.

무력감에 더 이상 버틸 수가 없었어요. 잘해봤자 용한 무당이고, 못하면 돈 밝히는 사기꾼의 경계. 게다가 어차피 무당이라는 주홍 글씨로 평생을 살아야 해서, 연애는 12년 전이 마지막이고, 결혼정보회사에 등록도 어렵다는 누군가의 조용한 조언에 묵언.

"다른 무당들은 잘도 만나 결혼하고 애 낳고 잘 먹고 잘사는데 너무 오버 아냐?"

맞아요. 오버일 수도. 그렇게 살아도 되어요. 하지만 전 이해할 수 없는 거죠. 어떤 분은 자신의 자제분이 저에게 호감을 가지니 그 뒤로 그 자제분과 절대 같이 오지 않더군요. 사실 전 결혼할 마음조차 없거든요. 내 자식이 나와 같은 길을 걷게 된다면 너무 가슴이 아플 것 같아서요. 제가 사는 삶이 축복받은 삶이라고 저는 생각함에도 불구하고요.

게다가 저와 같은 직종에 계신 분들 사이에서 버텨내는 것도 너무 힘들었어요. 견해의 차이, 말 그대로 각자의 잣대로 끝도 없이 비교하며, 내가 지켜가는 신을 모시는 방법에 대안 없는 비판만 쏟아내는 그들 사이에 지쳤어요. 더 이상 너덜거릴 것도 없는 해진 멘탈을 잡으려고 조금씩 안으로 안으로 숨어들게 되었어요.

신을 모신다는 것이 나에게는 하늘이 주신 선물을 가슴에 품고 살아가는 것일 뿐인데 왜 나는 이 사회에서도, 같은 일을 하고 있는 '나의 리그'에서도 배제당하고 인정을 받지 못하나 싶었어요. 살며 받은 상처가 아물고 또 생기고를 수없이 반복하다 아무는 속도가 이제는 너무 더뎌져서 결국 한국을 떠나기로 결심했어요.

처음에는 도피였어요. 도망이었지만 또다시 상처가 나더라도 덜 나게 하는 방법을 찾아가며 버티다 보니 결국은 전 만신임을 다시 한번 확인했을 뿐이죠. 그제야 내 분야에서 최고이고 싶어 하는 나의 욕망을 받아들이고, 이 먼 타국까지 '제가집'이 굿을 하러 오시고, 얼굴 보기 위해 찾아오시는, 인연들을 보고서 그 '도피'를 신과 함께 하는 '축복'으로 많은 이들과 더 크게 나누기로 결심했어요.

지금은요 항상 정착하고 싶은 간절한 마음과 언제나 떠날 준비를 하는 마음 어디 쯤에 있으며, 열대 어느 나라의 새벽에 컴퓨터 앞에 앉아 선생님이 보내주신 사연을 읽고 또 읽으며 마음속에 새겨보고 있네요.

선생님,

선생님의 사연을 받고 어떤 감정으로 그랬는지 아직도 해석이 되진 않지만, 많이 울었어요. 아마도 선생님의 사연에서 느껴지는 솔직함과 저를 진지하게 존중해 주시는 마음과 더불어 이렇게 진심을 보여주신 용기에 제 마음이 절절해졌을까요. 아니면 삶에서 느끼는 '무력감'과 '두려움'에 지쳐 있는 저의 등을 선생님의 진심이 담긴 사연이 토닥토닥 다독여 주어서 그랬을까요.

선생님. 그거 아세요?

속물 세포는 모두에게 있는데 그것을 인지하고 사는 이는 별로 없어요. 현세 기복의 정점에 서 있는 제가 정확하게 말씀드릴 수 있습니다. 그리고 우리가 사는 이 세상에서, 그리고 선생님이 활동하는 리그에서는 그 속물 세포가 필수조건입니다. 요행이 아니에요. 당연히 가지셔야해요. 잊지 마세요. 하지만 실력과 '운'은 정비례하지 않아요. 그래서 부적이 생겨난 거겠지요. 이를 인지하셨다고 부끄러워할 필요는 없습니다.

제가 부적을 처음 쓴 나이는 6살 혹은 7살 때일 거예요. 종이에 연필로 부적을 그려 문에 붙여 놓았다가 그날 세상에 태어난 이후로 가장 심하게, 지금도 기억날 만큼 엄청나게 혼났어요. 그날 이후로 40년 못 되는 부적 인생에서 선생님 부적을 쓰는 게 제일 어려웠어요. 선생님께서 보여주신 진심에 저도 온 마음 다해 보답하고 싶었거든요. 그래서 각종 부적 책을 뒤져가며 종교와 나라를 넘나들며 찾아봐도 내 마음에 차는 부적이 없었어요. 그래서 신들께 물어보고 또 생각하다 모은 내 손을 무심히 바라보다 선생님의 손을 '화경(畫鏡)'으로 보았어요. 그제야 부적을 찾았다 싶어, 마음이 뭉클해졌어요. 그렇게 탄생한 이 부적, 쑥스럽지만 온 마음 다해 내밀어 봅니다.

선생님, 수십 년 누군가의 이름들을 대신해서 빌어 왔던 나의 이 손, 그리고 그렇게 빌어 그 무엇이 하늘에 닿아 누군가를 살려 냈고 누군가는 그 원(願)이 이루어졌고, 누군가 또한 인생의 고비를 넘기게 한 이 손. 정(淨)하지 못한 틈에서 정함을 찾아 빌고 빌었던 제 손을 부적으로 담았습니다.

생물학적 남자들의 손에 비해 손이 참 작죠. 그래도 그간 누군가의 간절한 바람을, 작은 손에 비해 수없이 이루어 낸, 제 손을 이렇게 빌려 드릴게요. 중요한 시기에서, 칼과 방패임을 잊지 마세요. 그리고 내년부터 작가로서 참가할 수 있는 모든 일에 참가하시고 경쟁하셔야 합니다. 아무리 힘들어도 결국 저는 '만신'이듯, 선생님은 이제야 빛날 때가 찾아올 결국은 '작가'시잖아요. 내년부터 대박이라 불리는 일련의 일들이 눈앞에 펼쳐질 테니 많은 준비가 필요할 겁니다.

위의 일들을 위해 저도 함께 기원할 것이고 이 부적도 한 역할을 할 거예요. 하지만 이것은 대박으로 가는 디딤돌. 선생님이 갈고닦고 지켜왔던 작가정신을 담아 왔기에 가능한 것입니다. 그러니 꾸준히 하던 대로 하세요. 어쩌면 선생님에겐 단지 디딤돌이 필요한 시기였을 겁니다. 여기 제가 디딤돌이 되어 드릴 테니 다만 먼저 속단하고 참여하지 않으시면 안 됩니다.

제가 저렇게 구구절절 저의 이야기를 한 건 내 '손'의 가치와 우리가 살아가는 삶의 가치를 나누고 싶었어요. 진심을 보여드리고 싶었어요. 아직도 저는 헤매고 있고 불면증으로 다녀온 병원 영수증에 한숨 쉬지만 한 존재가 또 다른 존재에게 인간 대 인간으로 선생님처럼 진심을 다할 수 있다는 것에 감동하고, 자기의 생을 날 것의 그대로 담담히 열어 보여주며 '함께' 대박의 욕망에 천착하자고 '꼬셔보려고' 하다 보니 길어졌네요.

마지막으로 선생님께 드릴 말씀이 있어요. 실로 선생님이 저보다 먼저 대박이 나실 겁니다. 자 그렇게 되고 나시면 제가 헤매고 있을 때 저에게 선생님의 손을 그려 주실 수 있으세요? 조심스러우면서도 담대하게 부탁드립니다. 저 자신도 선생님의 손을 보며 디딤돌 삼아, 바람 넘치고 세찬 가슴에 내리는 비가 멈출 수 있게, 그리고 대박의 욕망에 더욱 박차를 가할 수 있게요.

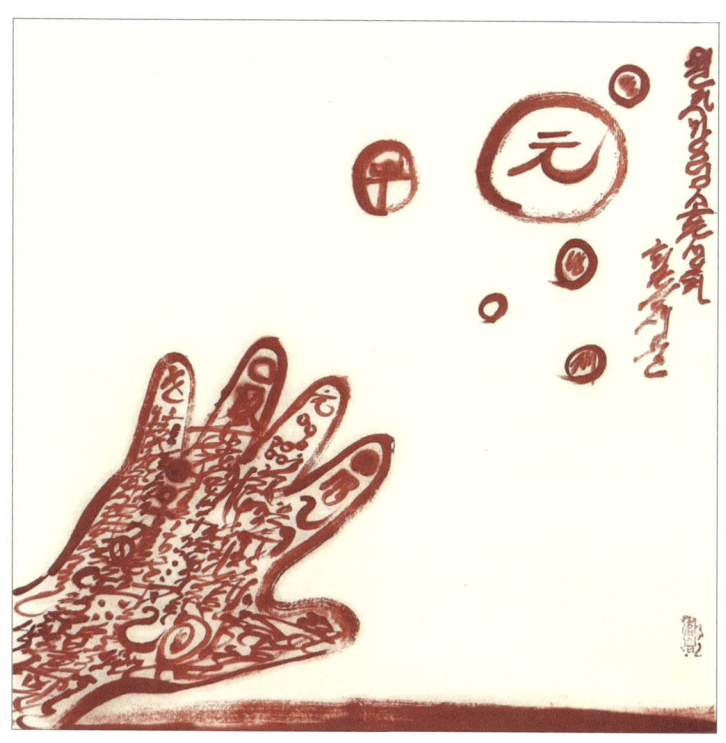

* 무속의 화경은 畵鏡, 거울 속에 비치는 그림처럼 혹은 영상처럼, 일시적으로 혹은 순간적으로 신이나 조상을 보기도 하고 다른 사람의 과거나 미래를 보기도 하는 형상을 말합니다.

내 신념을 따스히 지켜주는 응원 레시피

여보 미안해

관재 구설 소멸 종합부

여보, 나 방금 변호사 만나고 왔어, 내가 잘못한 게 없다던데 이 마음이 뭐지. 당신한테 정말 미안하기만 해.

오늘도 그 누구에게도 연락이 오지 않았다고 합니다. 회사 사람들과는 일이 생기고 나서 충격적이게도 연락이 바로 끊겼습니다. 그들의 번호는 더 이상 뜨지 않습니다. 제가 잘못 살아왔던 것일까요? 이 공허함은 저의 잘못에서 시작된 것일까요.

회사에서 제가 하는 일에서 공정하고 싶었습니다. 그런데 대기업으로 알려진 이 회사에서 초등학교 때나 벌어질 법한 일들이 일어났습니다. 무리를 짓고, 자기들끼리 뭉쳐 계파를 만들고 라인에 세우는 비상식적인 것들 말입니다. 하지만 저는 회사만 바라보고 일했습니다. 아무리 내 직급을 믿었다 해도, 내가 뭐라고, 왜 큰 회사의 암묵적 룰을 따르지 않았는지 후회도 됩니다. 그래도 마음 한편에서 아니라고 부정합니다.

나는 정치질을, 이런 비문명적 행동들을 못 본 척했습니다. 참견하지 않았습니다. 대신 저는 저들처럼 살지 않으려고 했습니다. 이런 노력에도 불구하고 결국은 그 '무리'라고 불리는 이들에게 눈엣가시가 되었습니다.

주변에서 변호사를 만나보라는 조언이 흘러넘칩니다. 변호사라는 말이 등장하니 그제서야 설마 했던 것이 정의 내려졌습니다. 제가 당하고 있는 지금 이것이 '집단 따돌림'이었습니다. 그렇게 저는 '정의'되었습니다. 전 상상도 못 했습니다. 변호사가 말하더군요. 그게 바로 뉴스에서만 듣던 직장 내 괴롭힘, 집단 따돌림이라고.

"그렇게 너무 열심히 일해도 내가 용서해 준다!" 아내가 한 말이 머리를 스쳐 지나갑니다. 아내는 내가 일 때문에 그녀에게 집중하지 못하는 거라 생각하고 내심 섭섭해하면서도 항상 웃으며 받아주었습니다. 내게 왜 이런 일이 일어났는지 이유를 모르겠습니다.

평생 미안한 마음으로, 부모 밑에 공부해서 자립한 나를 증명해 보이고 싶었습니다. 잘 컸다고. 그래서 좋은 이미지의 금융 회사는 내 꿈을 펼칠, 또 다른 나였기도 했습니다. 회사는 나였습니다. 아니 과거형을 쓰기에는 저는 아직도 마음의 준비가 되지 않았습니다. 회사는 나입니다.

 늦은 저녁 함께 역사 예능을 보던 아내가 어떤 문 닫은 회사 앞에서 서성이는 노동자를 보며 눈시울을 붉힙니다. 저도 조용히 콧등을 타고 눈물이 흘러 내려옵니다. 오늘 텔레비전에서 '일터가 내 삶이죠'라고 말하던 IMF 시절의 인터뷰를 보며 나는 저렇게 절박하지도 않았는데, 왜 이 회사에서 나를 증명해 보이려고 했을까. 답답한 마음에 눈물이 납니다. 집에 있는 시간만큼 회사에 있는 시간도 길었고 내 생활의 한 부분이 되다 보니 이 회사는 또 다른 내가 투영된 거울이었습니다. 남들처럼 무리를 만들고 정치를 했었어야 했을까요? 아니면 지금 같은 결과가 온다 해도 똑같이 해서 말도 안 되는 상황을 받아들여야 했을까요? 아마 이 질문에 대해서는 백발이 될 때까지도 대답할 수 있을지 모르겠습니다.

 지금은 어떤 말도 하지 못할 뿐입니다. 이제는 익숙해져 버린, 주방의 식탁까지 들어오는 대낮 햇볕이 야속하기만 합니다.

 '여기가 내가 있어야 할 곳인가', 이 회사는 또 다른 나였는데.

저는 이 회사가 나였기에 자신이 수술한 환자의 얼굴을 보며 만족해하는 의사처럼 회사에서 만들어 나가는 나의 퍼포먼스들이 좋은 성적으로 나올 때마다, 내가 회사를, 또 반대로 회사가 나를 치켜 세워주는 것 같았습니다. 회사에 기여한다는 생각에 뿌듯하기만 했습니다.

한편으로는 회사에게도 미안합니다. 저는 단지 이 조직에 어떠한 피해도 주고 싶지 않았습니다. 정치질은 더 심해지고 무리들이 더욱 거세게 저를 밀어붙일 때 저는 항상 중심을 유지하려 했었고, 일로써 증명하려 했습니다. 저런 깡패 같은 행동들 혹은 철없는 어느 누군가의 학창 시절 왕따 같은 일들에 절대 동참하지 않겠다는 다짐과 자본주의 세상에서 회사에 이윤으로 보여주려고 했던 마음이 당연하다 생각한 게 어쩌면 잘못된 일일까요. 법원이라니, 그 마음 하나로 달려온 결과가 소송이라니!

그렇게 애쓰고 일해온 일들이 모래알을 손으로 움켜쥐듯 헛되이 되어 지금 저는 '대기발령'이라는 이름으로 어떠한 직무도 하지 못하고 있습니다. 소문으로 돌아다니는 차마 들을 수 없는 험담들의 녹음, 근로감독관, 변호사, 피고, 원고, 승소, 패소, 산업재해 이 모든 단어들이 낯섭니다.

지난한 법적 싸움, 관재라고 불리는 일이 끝나지 않고 있습니다. 수천 번 고려해도 나를 먼저 고발해 버리고 운신을 못하게 막아버리는 이 회사를 내가 어찌 막을 수 있을까요. 아무리 노력해도 계란으로 바위 치기고, 일개의 한 직원 대(對) 말도 안 되게 큰 집단의 싸움. 저는 이제 더 이상 이 회사의 재원이라 불리지 않습니다. 변호사가 말하길 저는 그들에게 '계란'이라고 합니다.

  대기발령 이후로 일 년여 가까이 회사에 나가지 않았습니다. 하루하루 출근하던 내가 나인 곳 회사가 아닌, 어느 낯선 변호사 사무실로 가끔 나갑니다. 상대 변호사가 말했답니다. 내가 모든 걸 포기하고 제가 잘못했다고 인정하면 없던 일이 된답니다. 그리고 돈을 받기 위해 이 모든 일을 생쥐처럼 움직인 게 저라고 합니다. 제가요? 회사가 나였는데요? 이 회사로써 내 존재를 증명하는데 제가 쥐가 되어서요?

  다 돈의 문제라고 합니다. 일 안 하고 돈 받아 가려는, '작전'이라는 표현에 헛웃음이 나오다 곧 씁쓸해집니다. 우리나라 법무법인 계의 삼성이라 불리는 변호사들이 나를 향해 한 말들입니다. 상대가 우리나라에서 제일 큰 법무법인이라는 것에 대한 두려움이 컸습니다. 하지만 저런 주장을 하는 그들을 보며 웃음만 나옵니다. 대단하다는 생각도 듭니다. 계란과 쥐로, 인간 아닌 물체가 되게 만드는 솜씨에 할 말을 잃었습니다. 그래요, 저들의 '작전'이라는 말, 나를 지지해 주던 신념을 순식간에 빼앗겨 버리고 쥐가 되어버린 나를, 그런 나를 지탱해 주던 이들에게 어떻게 설명할 수 있을까요.

  '맞는 건 맞고 틀린 건 틀린 거다'고 말한 내가 자랑스럽다던 어느 만신이, 정신과 선생님이, 그리고 근로감독관님이 또 당신과 나를 지탱해 준 이들에게 미안한 감정만큼 고마울 뿐입니다. 그래서 저는 버텼습니다. 여기까지 일 년 가까이 버텨 오고 있습니다.

이제 때가 된 것 같습니다. 깊은 마음속 이야기를 이제는 해야 할 때인 것 같습니다. 내가 지켜온 신념을 지지해 주고 나를 이해해 주는 모든 이, 특히 제 아내에게 말해야 합니다.

"모르겠어. 이 말밖에 안 나와. 당신 얼굴을 봐도 생각만 해도 그냥, 마냥 미안해."
"너무 미안해"
"정말 미안해"

나 그때로 돌아가면 그냥 적당히 같이 욕하고, 같이 어울리며 나도 싸구려 인간 한번 되고 말래. 인간으로서 한번 실격되는 게 뭐 그리 대단히 어려운 거라고 이렇게 만들었을까. 그때 그들과 함께하지 못해 미안해, 남들과 같이 못해서, 지켜주지 못해 미안할 뿐이라고, 날 지지해 준 모든 이들에게, 함께 지쳐가고 있는 이들에게 이제는 말해야 할 것 같습니다.

자기야 가슴에는 늘, 당신 생각 끝에는 늘 미안하다는 말로 가득해. 그래. 이런 내가 좋아서 소위 당신이 말하는 품이 넓고 똑똑한 내가 좋아서 만났다면서, 날 항상 위로하는 당신에게 미안해.

자다가 눈뜨면 조용히 그리고 천천히 엄습하는 불안에, 에어컨 바람에도, 그 추웠던 겨울의 어느 날에도 식은땀으로 온몸이 다 젖어 일어나 당신 몰래 샤워를 했지. 그럴 때마다 모른 척해 준 당신을 알면서도 모른 척 내버려 둬서 미안해. 온통 인간의 노릇을 하겠다고 한 행동이 당신에게는 그렇지 못했어, 미안하다 자기야. 이 이야기를 하고 싶었어, 그럼에도 당신 말대로 끝까지 한번 해보자.

　다짐합니다. 어차피 정해진 결과라고 해도, 이 전쟁에서 우리 함께 하기에 그 무엇도 두렵지 않다고 다짐 또 다짐해 봅니다. 그리고 나인, 나였던 회사여, 정말 미안해. 나 그럼에도 불구하고 앞으로 나아갈게. 널 뒤로 한다 해도.
　내가 이 미안함을 이겨낼 수 있는 방법이 오히려 힘내 싸우는 것이라고 말해주던 어느 만신과 당신의 말을 잊지 않을게. 나를, 나였던 회사를, 당신을 향한 이 감정을 넘어서, 이 미안함을 이겨 보겠습니다.

- 퇴사를 앞두고 또 다른 처음을 두려워하는 이에게,
다시 시작을 응원하며 -

손바닥 뒤집듯 발상 전환 레시피

야! 엄마가 너 삼재래.

"것도 들 삼재래"

  삼재요, 살면서 한 번은 들어본 적 있으시죠. 여러분은 삼재를 믿으시나요? 최소한 저는 믿지 않습니다. 이제부터 우리 함께, 조금만 '상식적'으로 생각해 봅시다. 삼재, '삼 년 동안 재수 없음, 혹은 삼 년 동안 재앙이 따른다' 는 것을 어떻게 믿을 수 있는지 반문하고 싶습니다. 아니 "무당이 왜 저래" 싶죠? 아이러니한가요? 맞습니다. 삼재를 믿지 말라고 말하는 게 만신으로서 살아온 저도 쉽지 않았습니다. 이 글을 읽으시는 여러분은 어쩌면 당혹스러워하고 계시지 않을까 싶습니다.

  그럼에도 저는 띠로 사람들을 캐릭터화하고, 삼재가 들었으니 삼재를 풀어라, 부적을 쓰란 말은 도저히 못 하겠습니다. 소띠는 소처럼 일만 한다고 하고, 호랑이띠 여자는 성격이 드세니 결혼을 늦게 해야 한다는 어불성설을 저는 차마, 못하겠습니다. 이렇게 캐릭터화된 띠, 12간지는, 불교와 도교를 근간으로 하고 불교와 여러 민담과 무속적 성격을 가지고 형성되어 내려온 삼재의 존재를 인정하고 정의하는데 사용됩니다.

하지만 기본적으로 이를 배제하고, 오로지 신의 언어를 인간의 길 위에 디딤돌을 놓아주듯, 신의 언어를 인간의 말로 전달하는 것 즉 신점을 보고 공수를 내는 것이 강신무의 기본이라고 생각합니다. 그리고 강신무인 제 입장에서는 삼재가 존재한다고 볼 수 없습니다. 삼재는 신이 말한 그들에 관한 기록이 아닙니다. 어쩌면 삼재는 '공포 마케팅'(Fear marketing)의 원조일 지도 모릅니다. 삼재는 어떤 사상과 이론을 배경으로 가지고 있지 않습니다. 단지 오래된 풍습 중 하나일 뿐입니다. 오래되었다고 무조건 이를 따를 이유는 없다고 봅니다. 그렇다면 삼재란 무엇일까요?

도대체 삼재가 뭔디?

"삼재가 들었나? 왜 이렇게 재수가 없어"라고 말은 하지만 정작 삼재가 무엇인지는 잘 모르겠지요. 이는 동물로 상징되는 12간지를 바탕에 두고 돌아오는 해의 띠와 내가 타고난 해의 띠의 조합에 따라 가늠합니다. 예를 들어 올해 2023년도는 토끼해고 자신이 태어난 해의 띠가 원숭이띠, 쥐띠, 용띠라면 삼재에 해당됩니다. 삼재도 종류가 있는데 3년 동안 지속되는 첫 시기를 들삼재, 중간 해를 눌삼재, 마지막 해를 날삼재라고 합니다. 첫 삼재보다 마지막 삼재가 더 독하다는 말도 있지요. 개인적으로 '삼재가 끝났는데도 왜 계속 운이 없냐'는 질문에 어느 무속인의 답이 '삼재가 끝나고 난 다음 해 생일 달을 지나야 재수가 돌아온다' 였다고 손님 들을 통해 들은 적도 있습니다.

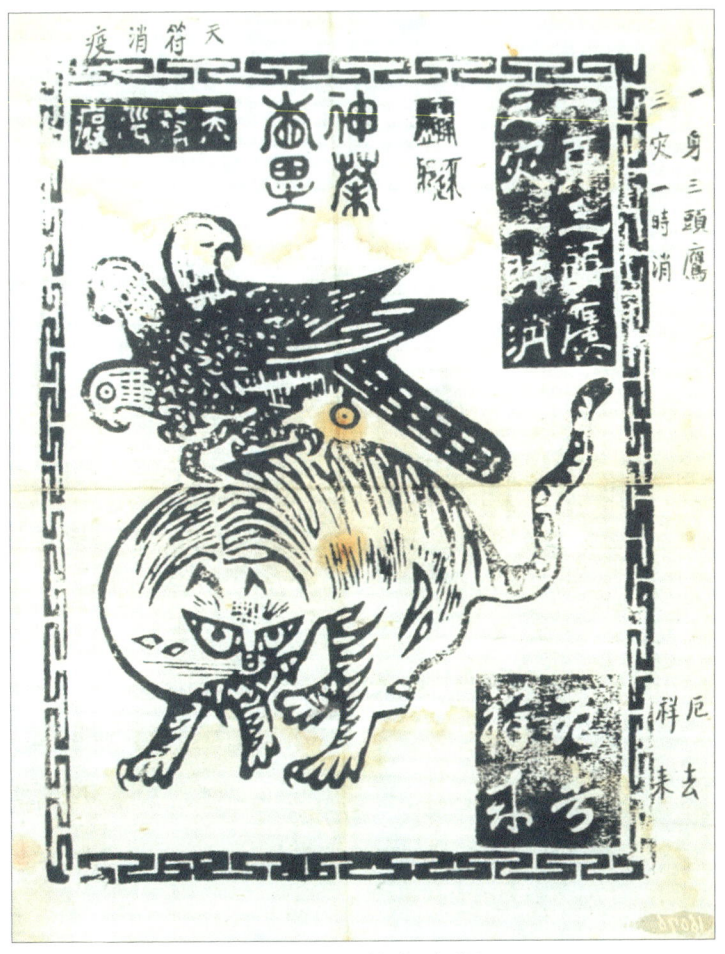

삼재부 | 국립민속박물관 제공

삼재는 3가지 재앙이라고 말할 수 있는데, 불행을 카테고리화 했던 가장 오래된 분류이기도 합니다. 도병재(刀兵災:연장이나 무기로 입는 재난)와 역려재(疫癘災:전염병에 걸리는 재난) 그리고 기근재(飢饉災:굶주리는 재난)로 나뉩니다. 고려시대에 삼재의 흔적이 나온 것을 보면 꽤 오래전부터 분류되고 상징화되어 우리의 일상생활에 깊숙이 영향을 미쳤다고 볼 수 있습니다. 그 시대부터 지금까지 '삼재'가 내려온 것을 보면 어쩌면 삼재가 진짜로 존재할 수도 있겠다 싶은 생각마저 들 때도 있습니다. 심지어 무사히 3년을 나기 위해서 들어오는 첫해부터 매해 삼재가 들어온 이들이 삼재 퇴치의식을 행했다고 합니다. 이는 무속뿐만 아니라 불교에서도 마찬가지입니다. 의식은 무속에서든, 불교에서든 연초에 집중적으로 행해졌습니다. 여기엔 한 해를 잘 나고자 하는 인간의 욕망이 엿보이는데, 지금도 불교에서는 그들의 방식대로 삼재를 소멸하는 의식을 거행하고 명리학, 사주를 전문적으로 보시는 분들도 삼재 부적을 사용하여 삼재를 없애는 행위를 합니다. 또한 어느 정도의 연차가 된 무속인들은 신도를 거느리고 매해 연말 연초 사이에 삼재풀이 의식을 진행하고 이 의식을 연례행사 중 하나로 매우 중시 여깁니다. 특정한 날짜에 일정한 금액을 지불한 신도들을 위해 한날한시에 다 같이 삼재풀이 의식을 행합니다.

 삼재풀이 의식은 짚으로 만든 허수아비, 통북어에 싼 사주판 혹은 재가집의 옷 등을 감싸서 풀기도 하고 한지로 오린 사람 형상

등으로 의식을 진행하기도 합니다. 특히 무속인이 봤을 때 심한 화가 닥칠 것 같은 집안이나 혹은 개인, 그리고 스스로 삼재에는 꼭 굿을 해야 한다고 믿는 이들은 작은 의식보다는 큰돈을 들인 굿으로 열두 달을 무사히 나기를 기원합니다.

 사회적 동물인 인간은 어딘가에 소속되고자 하는 욕구와 타자화를 통해 자신의 우열을 가리고자 하는 욕구를 함께 가지고 있습니다. 그리고 그 과정으로 자신을 규명하려는 본능을 가지고 있음을 많은 철학자와 사회학자들이 여러 이론으로 설명하고 있습니다. 실제로 역사 속에서 끊임없이 노력들로 나타나기도 했습니다.

 우생학의 일종으로 발전한 혈액형의 첫 발단은 나치즘이었습니다. 나치들은 아리아인이 우위에 있다는 결론을 만들어 내기 위해 혈액형을 분류하고 의미를 주입했고 나누었습니다. 그리고 혈액형의 생물학적 의미를 넘어 유대인의 박해 수단으로도 사용했습니다.
 이를 그대로 이어받은 일본은 우생학에서 태두(泰斗)를 이루는데요, 혈액형에 따른 성격 분류부터 유사 과학에 집중해 내선일체를 이루려고 했습니다. 일본이 패망한 직후에 이러한 연구는 마치 실체가 있었던 듯 자리 잡아 과학적으로 보이기까지 했고, 일정 시간이 지나고 난 뒤에는 이 혈액형별로 개인들이 심리적, 성격적

성향을 정의하고 각자 혈액형과 어울리는 혈액형을 분류하는 것까지 발전하더니 어느새 변형과 변형을 거듭해 혈액형으로 점을 보는 상황까지 오게 된 것입니다. 실제로 혈액형으로 점을 본다는 간판을 본 이들은 저뿐만이 아닐 것입니다.

최근에 한참 열풍을 일으키고 있는 MBTI(Myers-Briggs Type Indicator의 약자)도 마찬가지입니다. MBTI는 심리학이라는 과학의 영역에서 출발했지만 정확도와 타당성 그리고 신뢰 되는 부분에서의 의문점이 끊임없이 제기되고 있습니다. 1962년 첫 등장하여 1998년까지 업데이트 되었지만 자의적, 타의적 격리된 삶을 살아야 하는 코로나 시대 전후에 더 유행하면서 지금까지도 전 세계에서 폭발적 지지를 받고 있습니다.

MBTI가 이렇게 전 세계적으로 유행하고 있는 이유는 자의적으로 검사에 응하고 멈출 수 있으며, 자신이 원하는 방향의 성향과 나의 성향이 일치할 경우, 나를 정의해 주는 욕구를 채워주기 때문입니다. 나와 비슷한 사람들을 찾아내고, 나와 성향이 반대되거나 맞지 않는 이들도 그룹화하여 실제적으로 코로나시국이라는 사회적 활동이 불가능한 상황에서 온라인에서만큼은 집단생활을 할 수 있는 근거를 마련해 주었고, 나를 정의해 주었습니다. 그리고 타자화를 통해 자신의 우열을 드러내려는 인간의 근본적 욕망을 잘 드러내 주었습니다. 하지만, 위에서 말한 바와 같이 심리학

내부에서도 유사 심리학으로 보거나, 심리학적 기반이 매우 약하기에 최악의 심리학 평가지로 평가되고 있습니다.

저는 만신으로서 아니, 이러한 현상을 관찰하는, 한 자연인으로서도 말씀드릴 수 있습니다. 조만간에 어느 점집에서는 분명 MZ세대로 호명된 이들을 대상으로 MBTI를 바탕에 두고 점사를 보는 '사태'를 마주할 수도 있을 겁니다. 왠지 장담하고 싶어지는걸요.?

그러니까 삼재도, 혈액형 점도, MBTI도 미신의 한 부분이라고요?

네, 그렇습니다. 이들은 미신의 전형적 사례입니다. 국어사전에서의 미신은 비과학적이고 비합리적으로 여겨지는 믿음 혹은 이러한 것들을 맹목적으로 믿고 따르는 것을 의미합니다. 굳이 설명하지 않아도 공통성이 보이죠? 제가 정의하는 미신, 즉 미혹된 신념과 믿음이라는 기준으로 이것들을 들여다봐도 삼재도, 우생학의 혈액형별 유형 나누기도, MBTI도 미신의 한 종류일 뿐입니다. 띠별은 오래된 만큼이나 띠에 상응하는 동물의 특징으로 인간의 캐릭터에 투영하여 성향을 나눌 뿐만 아니라 이는 불교와 도교의 영향을 받았고, 명리학에서 사용하는 용어를 사용하기 때문에 그럴듯한 믿음은 배가 됩니다. 그뿐만 아니라 심지어 삼재를 넘어,

나와 맞는 띠는 궁합이 좋고 나와 맞지 않는 띠는 상충살이 들었다며 한발 더 나아가 부적을 쓰거나 이들을 해결하기 위해 삼재풀이 이외에 또 다른 어떤 의식을 진행 시키기도 하죠.

유사 심리학으로도 평가되고 있는 MBTI와 우생학에서의 혈액형이 본격적으로 점술의 도구로 사용되기 시작한다면, 게다가 거기에 안 좋은 점괘나 원하지 않는 점술이 나온다면 이를 정화하거나 좋게 하는 의식이 생기지 않으리라 단언할 수 없을 것입니다.

한때의 유행이었던 삼재는 이제는 믿고자 하는 것만 믿으려 하는 확증편향을 거쳐 더욱 견고해진 믿음으로 '실재하는 삼재'가 되어 자본주의라는 이 시대와 결합으로 돈을 들여 이를 풀어내는 의식으로까지 발전한 것이고, 그것이 지금까지 이어져 내려와 우리는 이것에서 자유롭지 않다는 점을 기억해야 합니다.

띠별, MBTI, 혈액형별은 미신이라는 공통점뿐만 아니라. 그럴듯하지만 지지기반이 약한 이론을 배경으로 맹목적 믿음을 가지게 만든다는 점과, 소속되고자 하는 욕구와 타자화로 우위를 점하고 있다는 욕구를 채워주고 있다는 점에서 미신으로 다시 한번 규정할 수 있습니다. 그리고 이들은 쉽게 사라지지 않을 것입니다.

심지어 이러한 의식에 사용되는 시장이 엄청난 규모를 자랑하고 있습니다. 2020년도 초에 발표된 통계청의 자료에 따르면 점술과 무속과 관련된 유사시장까지 2019년에만 1800억 원대 시장을 형성하고 있다고 합니다. 점술 시장에서 실제로 등록되지 않는 이들이 더 많은 것을 감안하면 몇 배 이상으로 큰 시장의 규모로 이루어져 있고 지금 2023년도에는 이보다 더 큰 시장이 형성되었을 것으로 미루어 짐작할 수 있습니다. 이점은 매우 중요합니다. 자본주의에서 경제의 규모를 자랑할 만큼의 크기를 지녔다면 분명 그 시장에 뛰어들고자 하는 이에게 매력적이기 때문입니다. 어느 시대에는 감소하고 어느 시대에는 증가하면서 점술 시장에서 규모의 경제를 이루어 갈 것입니다.

하지만 무속은 미혹된 신앙을 따르는 풍속이 아닙니다. 무속에서의 '속'(俗)은 세속됨을 의미합니다. 고상하지 않고 속물적입니다. 그래서 무속은 현세 기복을 중시함을 대문짝만하게 표방합니다. 현세 기복은 당신 그리고 우리가 서 있는 지금 여기에서 행복을 바라는 것을 의미합니다. 실존적이며 현실적인 신앙체계입니다. 그래서 속돼 보입니다. 내세는 옅어지고 현세, 지금에 집중합니다. 매우 실존적입니다.

무속은 아침이면 해가 뜨고 저녁이면 달이 떠오른다는 자연스러운 이치 아래 눈으로 보이는 것과 보이지 않는 것을 존중하고 그 안에서 우리가 '함께' 살아가고 이 자연의 위대함에 끊임없이 감사하는 것을 지향합니다. 끝없는 우주 가운데에서 미물 '너'와 '내'가 우리로 함께 서로 기대어 살아가는 이 일상과, 보이는 것과 보이지 않는 것, 사람인 것과 사람이 아닌 것 등 모든 존재를 신성시하여 이를 존중하고 감사하는 것이 무속의 근간입니다.

그렇습니다. 강신무의 입장이 아니더라도 무속의 어떤 사상에도 삼재는 부합하지 않습니다. 신을 모시고 따르는 무속에서는 삼재는 그저 너와 나의 차이를 만들어 서로 무리를 지어 집단 사이에서 우리를 방황하게 만드는 '매우 그릇된 미신'입니다.

전통은 만들어집니다. 이 오래된 민간신앙의 전통은 지금 이 시대에서 다시 쓰여야 합니다.

만신으로 살아가는 제가 이런 말을 하기까지 정말 어려웠습니다. 왜냐면 기존의 이들과 너무나 다른 견해를 밝혀야 하기 때문입니다. 게다가 이 삼재를 인식하고 이것을 풀어내고 해결하는 과정이 무속신앙인들과 불교에서 매우 큰 행사 중 하나이기에 솔직히, 이들에 맞서는 이야기를 하기가 쉽지는 않았던 것입니다. 그럼에도 제 견해는 다시 한번 말하지만, 삼재는 한때 토속 신앙이었지 지금만큼은 존재하지 않는다는 것입니다.

저 스스로, 그리고 여러분들과 간곡히 상식적으로 한 번 더 생각해 볼 것을 부탁드립니다. 대한민국 인구 현재 오천만 명, 삼재가 들어온 인구수는 매해 평균 천만 명 전후이고 이천만 명 중에서 불교를 지향하고 무속인과 무속 신앙을 통해 종교를 대신하고 신앙인의 삶을 사는 분들을 생각한다면 천만 명 안에서 꽤 많은 사람이 삼재의 영향을 받고 이를 해결하기 위해 크고 작은 의식을 치르고 있다는 게 됩니다. 다시 말해 그 어떤 종교든 신앙이든 자본주의 사회에서 돈의 굴레에서 벗어나지는 못하기에 이미 형성

되어 있는 시장 자체가 매우 크다는 점은 꼭 함께 인지하고 싶습니다. 미혹됨을 알면서도 이것이 사라지지 않는 이유가 어쩌면 위의 상황에서 벗어나지 못하기 때문일지도 모르겠습니다.

 마지막으로 말하고 싶습니다. 다 좋다 칩시다. 하지만 이러한 미혹된 믿음 즉 '미신이 무속'이라는 등식을 이제는 참을 수 없습니다. 무속은 미신이 아니기에 미신적 요소를 하나하나 제거하고, 믿고 따르는 자도, 이 시장을 형성하는 자들도 다시 한번 자성하는 계기가 되었으면 하는 간절한 마음에 어려운 이야기 가슴속에서 조심히 꺼내어 여러분 앞에 내놓아 봅니다.

상담사례

> 나이는 먹고 있고 열심히 산 것 같은데 이룬 게 많이 없는 느낌입니다. 항상 제자리인 것 같은 느낌이고 허무함이 많이 듭니다.
>
> 계속하던 공부를 이어가 박사 과정으로 진학해 공부를 더 하고 싶은 생각도 있지만, 내 욕심인가 싶고 공부를 더 한다고 해서 내 인생이 크게 바뀔 것 같지도 않아요. 원래 안정적인 전공이 아니라서요. 지금도 안정적이지 못해서, 뭔가 이루지 못하고 계속 이렇게 살면 어쩌지 라는 생각도 듭니다.
>
> 특히 30대 넘어서 하는 일을 바꿨습니다. 전공이랑 연결은 되는데 다른 사람들과 비교하면 늦은 감도 있습니다. 이 선택이 잘한 건지 아직 모르겠습니다. 이 분야의 미래가 어떨지 모르겠어요, 직업적이든 가정적이든 빨리 안정적인 상황이 되었으면 좋겠습니다.

늘 돈이 문제죠, 그래요 돈이. '사회적 지위=돈'은 쌍둥이처럼 함께 다니면서 그것을 갖지 못하거나 그것에 향한 열망을 갖지 못하는 이들은 마치 이 세상의 들러리처럼 보이는 시대입니다. 이를 한탄해 보려 해도, 우리는 결국 자본주의 사회에 살고 있는데 그저 벗어날 길이 막막합니다. 나는 어땠었나 생각해 보았어요. 대학원 다니면서 한 달에 100만 원만 딱 벌고 평생 공부하다 죽었음 좋겠다, 했어요. 뭐 지금은 이렇게 만신이 되어 말 그대로 바람으로 끝났지만요.

선생님께서 살아오신 삶을 잘 생각해 보면 이성보다는 감성으로, 계획보다는 직감으로 삶을 선택해 왔을 거예요. 하지만 세월이 들고 나이가 있다고 생각이 드니 주변에서, 그리고 내 스스로에게 자꾸 압박을 주는 거죠. 그래도 남들처럼, 남들만큼. 그만큼은 해야 하지 않나 하는 생각. 돈 버는 것에 관심도 없는데 그것을 안 하면 부적응아가 될 것 같은 생각. 낙오자일지도 모른 생각. 그것들이 선생님을 갉아 먹고 이 고민과 우울의 수렁에 빠져들게 하는 것이 아닐까요? 선생님의 선택과 그 방식은 언제나 옳았어요. 그래서 빛났고 지금도 빛나지만 스스로 감추려할 뿐이죠.

  처음 꿈꾸었던 그때 기억나세요? 기억이 나지 않으시면 끄집어

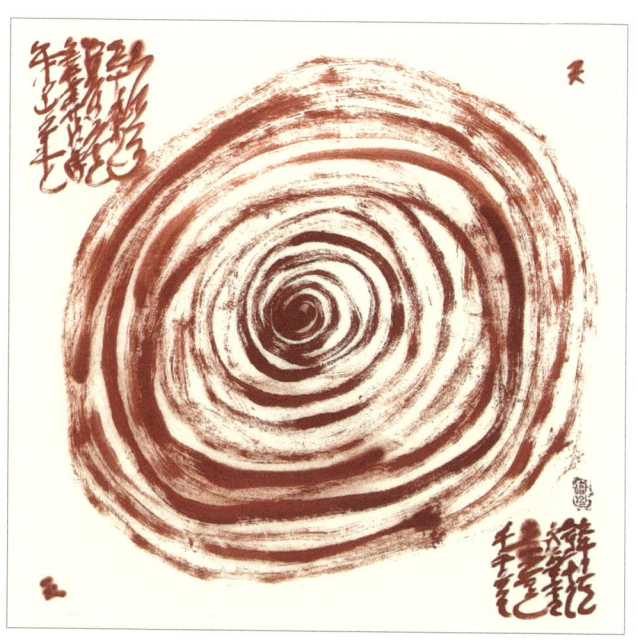

내세요. 그리고 그때의 첫 떨림과 열정을 다시 한번 상기하길 바랄게요. 그리고 제발 남들과 비교하지 않으시길 권해 드립니다. 이 금융자본주의(Financial Capitalism)의 세계에는 어긋나는, 타고 나길 그에 체계화되지 않는 사람이자, 그렇게 살면 더 힘들어질 사람이니까요. 하고 싶은 것만 부디 끝까지 (매우 중요) 끝까지 해봐요. 하고 싶은 것을 해 왔고 그것에 결실이 바로 보이지 않아서 답답할 뿐이지, 선생님께서 한 선택은 이미 선생님이 원해서 한 것이고 너무 잘하셨으니 오로지, 끝만 내면 되는 것이니.

DIGGING! (깊게 파고들어) 해봅시다.

아메리칸 익스프*스 백부장과 스타*스 사이렌, 나의 주인은 나

  부적 모음집을 들추다 보면 예상외로 재밌는 부적들이 많습니다. 과거에는 흔했으나 지금은 쓰지 않는 콧물 멈추는 부적, 바퀴벌레가 들어오지 못하게 하는 부적 등이 그렇습니다. 콧물이 나면 병원에 가십시오. 가게에 바퀴벌레가 보일라치면 정성 들여 부적을 쓸 것이 아니라 쎄**를 부르는 게 맞습니다. 현생의 기원을 담는 것이 부적의 생리이고 보면 시대가 변하고 과학의 발전으로 인간의 범위 안으로 건강이나 방역이 들어온 이상 더 효과적이고 편이한 것을 먼저 떠올리는 게 자연스러운 것입니다.

  하지만, 현대의 부적은 생각지도 못할 시간과 장소에서 목격됩니다. 뒷주머니에서, 휴대폰 케이스 속에서, 한껏 취한 당신의 지갑에서 꺼내지고 제시되어 당당히 마법의 아우라를 내 뿜습니다.

  한때 백부장으로 불리던 신용카드가 있습니다. 미국의 아메리칸 익스***사에서 발행한 센테**카드, 백인대장이란 뜻이지만 로마 군대의 지휘관을 뜻하기도 합니다. 콧날 선 로마 대장의 옆모습이 한 가운데 그려진 그 카드는, 모양 또한 화폐같이 생겨서 결제할 때 휘두르면 많은 사람이 고개를 조아리며 쓰러져 나갔다네요.

　자본주의 사회에 등장한 화폐, 그리고 그 총아 신용카드야 말로 무적의 부적이 되어버렸습니다. 어제의 내가 쓰고 오늘의 내가 내역서에 놀라고 미래의 내가 리볼빙으로 갚는 무한 반복의 순환. 나의 과거 현재 미래를 다 옭아맵니다. 물질 만능의 사회에 살아가는 현대인들에게 신용카드는 만세 적갑부에 비견되는 만사 형통부 같습니다.

　세계적 커피 체인 스타*스의 상징은 초록색의 세이렌입니다. 세이렌은 그리스 신화에 나오는 매우 아름답지만 치명적인 마력을 가진 님프입니다. 지중해 작은 바위섬에 살면서 배를 타고 지나는 선원들을 향해 노래를 불러 유혹합니다. 배를 암초에 난파시키거나 선원들이 스스로 물에 뛰어들어 죽게 합니다.

　한때 스타*스에서 판매하는 상품들은 세이렌 얼굴이 그려져 있다는 이유만으로도 같은 상품보다 훨씬 더 고가로 팔렸고 이를 사기 위한 고객들로 아침부터 가게 앞은 장사진을 쳤습니다.

　아름다운 이미지와 상징이 도처에 자리하고, 우리를 내려다봅니다. 알게 모르게 우리는 자본주의 욕망이 응집된 주술들 속에 살고 있습니다. 부적을 가진 우리 마음이 그러하듯 부적에게 나를 내어주진 마십시오. 나는 부적의 주인이고 나는 나에게 용기를 주고 기도의 힘으로 더 강해지는 것이지 강해진 그 어떤 힘에 좌우되진 않습니다. 매혹되더라도 즐기십시오, 전전긍긍하지 마세요.

공명부 | 이름을 빛내고 명성을 얻어 출세의 길로 향하고자 하는 것을 공명이라 하고 재물, 돈도 이같이 봅니다. 바람을 일으키듯 일어나라는 뜻에서 부채에 쓴 것입니다.

부채 부적　　　　　　　　　　　(드엘리스 제공)

더 가벼워야 할 당신의 삶을 위한 **부적 레시피**

6

연애, 결혼 그리고 이혼

더 가벼워야 할 당신의 삶을 위한
부적 레시피

6. 연애, 결혼 그리고 이혼

　타지에서 온 한 남자가 어떤 마을에 들어서는데 멀리서 꽃상여가 오더랍니다. 상주로 보이는 남자와 한 마리의 개, 그리고 꽃상여 뒤로 줄지어 상여를 따르고 있는 검은 양복을 입은 남자들이 있었습니다. 남자는 상주로 보이는 이에게 죽은 이가 누구냐고 물었고 남자는 자기 아내의 상여라 대답합니다.
　"어허, 어쩌다 젊은 나이에"하고 묻자, 상주는 옆의 개를 물끄러미 바라보며 "저 개가 물어 죽였소" 라고 말합니다.
　남자의 눈이 번쩍 떠지며. "아! 저 개, 나 좀 빌려주쇼"라 하자.
　상주는 뒤를 가리키며 "저어 뒤로 줄을 서시오." 라고.

　아내를 물어 줄 개가 필요한 저들도 처음부터 그렇지는 않았을 겁니다. 짧은 햇살 같은 만남 이후 어제가 그제 같고 오늘이 어제 같은 무덤덤한 연애나 결혼을 지속하기도 하고, 잘못된 방식으로 서로를 저주하는데 남은 생과 온 열정을 쏟는 연인이나 부부도 있습니다. 죽고 못 사는, 사랑하는 사이로 만나서 가족을 이루지만 내내 타인보다 못한 삶을 살기도 하고 반대로 결혼이라는 사회가 마련한 제도와 안전장치 안에 머물 수 없지만 그 어떤 우주보다 큰 품에서 운명적 사랑을 하기도 합니다.

누구는 연애·결혼·이혼 이 과정을 마일리지 쌓기로 비유해 인생의 경험일 뿐이라 말하기도 합니다. 하지만 사랑하고 가족을 이루고, 어떤 이유로 헤어지는 일련의 일들은 그 누구에게도 쉽게 간과하기 힘든 큰 의미가 됩니다.

이 사람이 내 운명의 반쪽인지 확신할 수 있는 사람이 세상에 얼마나 되겠습니까. 그리고 신이 맺어준 인연이라 할지라도 인간의 오만과 변덕은 이를 쉽게 내팽개치기도 합니다. 우리는 불완전합니다. 연인이라 해도, 부부라 해도, 가족이라 해도 온전히 서로를 이해하기 어렵습니다.

다만 내가 나 아닌 타인의 삶에서 도무지 이해할 수 없는 것들이 있을 수 있을 때, 그건 그 자신도 삶에서 도무지 어찌할 수 없는 일일 경우가 많다는 점을 기억해 주십시오. 타인의 삶을 함부로 판단할 권리는 누구에게도 없습니다.

사랑 레시피

펑이 펑을 만났습니다.

연인연애화합성취부

너 이름 알고 있는데 왜 자꾸 말해. 네 이름 말고, 만나는 사람 이름이 뭐냐고. 그동안 영어가 이상해졌나 싶은 마음이 드는데 또 펑은 펑!이라고 얘기하며 자기와 이름과 성이 같다고 말합니다. 그러니까 중국어로 읽지 않고 한문으로 읽으면 이 펑, 저 펑 해서 '양(兩)펑'. 말 그대로입니다.

평이 펑을 만나고 있다고 합니다.

방울을 굳이 안 흔들어도 생년을 묻지 않아도 형식을 모두 갖춥니다. 저에게는 아빠 미소가 흘러넘칩니다.

점사를 보다 보면 의외로 여러 나라에서, 여러 위치의 손님들이 찾아오십니다. 중국인 펑은 누군가의 소개로 그렇게 만난, 점사 손님과 환대를 베풀어야 할 손님, 그 가운데에 있는 묘한 관계랄까요? 항상 안부를 묻고 함께 울어주고 웃어 주며 한세월 같이 보낸 게스트·손님·친구 정도라고 해야 할까요.

펑의 이십 대 후반에 처음 만나 이제 사십 대 초반이 되는 펑의 개인사에서 펑의 연애사는 정말 조심스럽기 그지없었습니다. 그러니까 자신을 먼저 지키는 연애, 자신이 아프지 않고 다치지 않고 누군가를 받아들이려 하는 걸 신조로 삼는 펑이 눈에 보입니다. 물론 타고난 성향도 있겠지만 펑은 만남에 있어 어렸을 때 큰 아픔도 겪었기에 보통의 우리와는 다르게 두 번 실수로 자신을 아프게 하지 않으려 했고, 연애에서 만큼은 늘 여지를 두지 않았습니다. 펑은 항상 신중했습니다.

펑은 거의 매해 한국에 찾아왔습니다. 펑의 소개로 다른 친구와 손님들을 만나게 되었습니다. 중국 손님들이 항상 북적이게 해주었죠. 당연히 친구와 손님을 소개해 주어서 펑이 소중한 것은 아닙니다. 내가 어떤 난처한 상황을 만들든 늘 존중하고 우리나라의 무속 문화를 조건 없이 이해 해줍니다.

  한번은 손님을 만나고 기도를 가기 위해 베이징에 들러서 펑과 펑을 통해 알게 된 그 묘한 관계의 친구들을 만났습니다. 밥을 먹고 나와 커피를 내가 사겠다고 하고 우리나라 인사동 같은 곳(후통), 커피숍에 자리를 잡자마자 펑이 말합니다. 집에서 장가 좀 가라며 엄마가 "세레머니"를 했다고. 부모의 걱정에 자식들의 반응은 참 비슷합니다. 엄마가 사고 쳤다는 그런 말투와 표정. 저는 그래도 펑의 어머니 편을 듭니다. 야 제발 좀 가!!!, 라고 말했습니다.

  만신인 입장에서 영어로 표현되는 세리머니를 더욱 세밀하게 이해하고 싶은 마음에 제가 한 굿의 영상을 보여 주었습니다. 펑은 너무 비슷하다며 살며시 칼 위에 올라가는 중국 무속인의 영상을 보여줍니다.

  신이 난 저는, 펑! 이거, 이거! 하면서, 저도 제가 했던 굿의 영상 중에 비수(작두) 위에 올라서는 영상을 마구 보여주는데 펑의 눈에 갑자기 눈물이 맺힙니다. 그러다 너무 미안해합니다. 미안해? 갑자기? 눈물이 난다고 해서 저는 크게 웃으며 말합니다.

  네가 칼 위에 올라가 방방 뛰어도 나도 너랑 똑같이 눈물이 날 거야. 봐봐. 상상만 해도, 나도 이렇게 눈물이 나잖아...... 너가 그 행위에 담긴 의미와 사회에서 바라보는 관점이 어떤지 이해하고 있다는 거잖아. 너 찐친 같아.

찐친. 펑이 찐친에 성조를 넣으며 말하는 걸 한국엔 성조 없다며, 화제를 찐친의 발음과 의미를 설명해 주는 것으로, 웃으며 자연스럽게 넘깁니다.

맞습니다. 한번 마음을 주면 이렇게 무너지는 여린 펑. 쉽게 절대 깊은 마음을 주지 않는 게 그제야 이해가 갑니다.

그러다 몇 년 뒤 코로나 시국이 왔고, 4년 만에 코로나가 끝나자마자 비자를 만들어 한국에 달려 온 펑입니다. 여러 사정으로 오래 함께 있지 못 했습니다. 하지만 펑을 보면서 처음으로 기분 좋은 소름이 돋으며 웃음이 납니다. 만신인 제 눈에 펑의 얼굴 한켠에 펑의 반려자가 보입니다. 만나는 사람이 있냐고, 진지하게 만나냐고 흐뭇한 웃음으로 물어봅니다. 펑은 부정하지 않습니다. 이전에 연애를 했다 했어도 이렇게 상대의 얼굴이 겹쳐 보이며, 펑의 반려자가 선명하게 보이는 건 처음이었습니다. 너 성격에 바람도 못 필거고, 이 사람이 마지막이어도 괜찮은 거야?

부끄러운 듯 한참 있다 펑은 펑과의 첫 만남을 이야기 해줍니다. 친구들과 머리를 하러 미용실에 갔다가 너무 사람이 많아 핸드폰을 끄적였다고 합니다. 함께 간 친구가 바로 데이팅 소셜 매칭어플을 켰고 자기도 무심결에 같이 켰다고 하죠. 위로 밀고 아래로 밀고 위로 아래로 밀고 하다 보니 자기 머리할 차례가 되었다고 합니다. 미용사가 자기 이름을 부르며 앉으라고 그랬을 때, 어 이 사람 괜찮다 싶어서 잠시만요, 하고 '좋아요'를 누르고 의자에 앉았다고 하더군요. 그리고 머리를 다 끝내고 나오는 길에 확인해 보니 서로 매칭이 되어 있었고 거리도 가까웠으나, 말 그대로 재미로 해본 어플이라 아무 의미를 두지 않았다고 합니다.

미용실에서 나와서 친구와 함께 얘기를 하는데 진동이 거슬렸다고 합니다. 매칭 사이트에서 울리는 거였고,

당신 맞나요?
뒤를 봐요.

한참 있다. 또.

뒤를 봐달라고요
뒤에 제가 있어요.
뒤를 보세요,

이런 말들이 쓰여 있어, 아! 이게 뭐야, 하며 친구랑 이야기하다 말고 뒤를 돌아보니 그 매칭된 펑이 회의를 끝내고 회사 사람들과 커피를 마시고 있었다고 합니다. 그리고 눈 찡끗한 순간 펑은 저 사람이 내 사람이었으면 좋겠다는 생각이 들었다고 합니다. 긴 시간도 필요 없이, 그렇게 사람을 가려가며 만나고 조심히 만나던 펑이, 지금 그렇게 펑의 사람으로 펑을 만나게 된 영화 같은 사연을 말해줍니다.
그래도 혹시 다른 사람 만날 생각은 조금이라도 없어? 아무리 사연이 기가 막히게 운명적이라고 해도, 이렇게 조심성이 많은 펑

이 진지하게 만나고 있다고 해도, 묻고 또 물어봅니다.

펑은 나이 핑계를 댑니다. 이제는 사십이 넘었는데 누굴 더 만나. 저는 말을 가로챕니다. 펑은 펑과 영원히 함께한다, 맞지? 펑의 부끄러운 웃음은 그 어떤 '그렇다'의 말보다 강한 '그렇게 하고 싶다'를 저에게 전달해 줍니다.

이제 저는 더 이상 아무것도 묻지 않습니다. 그리고 만신으로서 할 수 있는 모든 것들을 해줍니다. 서로 좋은 기운을 나눌 수 있는 비방과 함께 부적을 씁니다. 부적을 쓰며 너, 펑 말고 만신으로서 바라본 너의 사랑 '펑의 사용 설명서'를 이야기 해줍니다. 일부러 까탈스럽게 굴 거야. 지금처럼 하면 돼. 이 친구는 한 번도 연애를 하면서 차여본 적이 없었어. 원하면 만났어. 아마 너가 세상에서 제일 어려울 거야. 지금처럼만 해. 잘생겨도 니가 불안해하지만 않으면 돼. 지금처럼만 하면 돼.

부적을 쓰며 펑과 저는 함께 크게 웃었습니다. 만신의 조언이라고 어깨에 힘주며 말한 게 결국엔 '지금처럼만 하면 돼', 였습니다.

타자가 나의 반쪽이 되어 미래를 그릴 수 있는 건 '그대로의 나를 스스럼없이 또 부끄러워할 필요 없이 보여주고, 또 그렇게 보여준 나를 온 열정을 다해 사랑해 줄 때'인가 봅니다. 있는 그대로의 모습을 보여줄 수 있었기에 펑은 어쩌면 그 짧은 시간에도 마음을 활짝 열었을 거라는 생각이 듭니다.

펑이 펑을 사랑합니다.

마침 뜬 보름달을 보며 영원히 사랑하길 함께 두 손 모아 기도하고 부적을 건넵니다. 펑은 지금의 모습을 사랑하고 펑은 지금의 모습을 보여주는 것에 망설임이 없음에 저는 이들이 죽음이 다할 때까지 함께 늙어갈 거라는 확신을 가지고 펑을 꼭 안아 줍니다.

펑과 펑은 영원히 함께 늙어갈 것입니다.

가면 쓴 결혼 레시피

서른 살에 결혼을 한다고?

양연부 여여 혼인부

서른 살에 결혼을 한다고? 서른 살에.

나에게 일어난 적이 없는 앞으로도 일어날 수도 없는, 아니 앞날은 어찌 될지 모르니까, 단정 짓지 말고 말하자.

하여튼 나에게는 납득이 안 되는 일, 서른 살에 결혼을 한다고?

그러니까 이제 겨우 나이 앞자리 숫자가 2에서 3으로 바뀌었는데? 내가 지나온 서른 살은 세상을 알 듯 모를 듯한데? 아직 나와의 싸움이 끝나지도 않았는데 타인과의 싸움을 시작한다고? 사랑하니까 결혼한다고 치면, 사랑으로 모든 걸 다 감싸겠다는 건가. 그래서 글자 하나가 더 붙은 그러니까 '시', 혹은 '장'으로 시작되는 부모님이 생기고 이들과 앞으로 살아갈 거라는 전제로 인사하러 다니는 게 난 상상이 가지 않는다. 삼십 년 세월을 함께한 고모·이모·삼촌 그런 사람들과 갑자기 대등하게 앞 글자 '시', '장'을 붙인 부모님이 생긴다고.

그 친구가 말했습니다. "이혼하면 되죠. 해도 후회하고 안 해도 후회할 거라면……". 난 그 친구 말에 더 불안해졌습니다. 차라리 너무 사랑해서 헤어질 수 없다고, 차라리 이 사람 아니면 살 수가 없을 것 같다고 말하면 '그래 아무것도 모르고 살면 돼. 지금처럼 살아' 속으로 생각이라도 할 수 있었을 텐데요.

이제 결혼할 아이가, 끝부터 각오하고 사람을 만난다는 게, 당장 결혼해야 할 이유를 찾지 못해 궁색한 변명을 늘어놓고 있다는 느낌이 너무 강하게 들어서 덜컥 가슴이 내려앉는 것 같았습니다.

하늘에서만 쉴 수 있는 새가 마치 땅으로 내려와 쉬겠다는 어불성설. 이 아이는 소위 창공을 가를 새인데 닭 새끼처럼 뒤뚱거리며 걷는 게 어색하지 않습니다. 날개 쪽 뼈가 몇 개는 부러져 뒤뚱이는 게 나는 것보다 자연스러워져 버린 새 같았습니다.

그 친구의 녹록지 않았던 과거들이 내 머릿속에 스치며, '미쳤어! 왜 이리 일찍 결혼해'라고 튀어나오는 말을 막습니다. 입안에 솜 뭉치 가득히 집어넣고 틀어막아 버린 듯 하품만 하고 앉았습니다. 너의 결혼과 네가 살아온 삶의 연관관계는 찾지 않겠다는 의지의 표현이었습니다.

쿨한 척했지만 결혼 비용을 아끼기 위해 '스드메'를 포기했다는 것을 알기에, 가슴이 아팠지만 티를 내고 싶지 않았습니다. 그녀는 중학생도 안 된 시절부터 동생의, 아빠의, 고모들의 '엄마'여야 했습니다. '엄마'로 불리지만 않았지 집안의 또 다른 엄마로 식구들을 돌보아야 했습니다. 그래 넌 그랬으니까..... 이제는 나도 그렇게 이해해야 하나?

서른 살에 결혼한다고? 응. 결혼해, 축하해.
내가 그날은 일을 쉬고라도 찾아갈게. 그래 어딘데?
선릉 좋아. 시간도 무엇도 다 좋아.

대답은 했지만 씁쓸하기만 합니다.

내가 뭐라고, 너에게 무슨 말을 해줄 수 있겠니. 그 남자를 사랑함과 동시에 그보다 더 압도할 '무엇'이 숨어있다는 짐작만으로도 나는 아무 말도 할 수가 없었어. "가서는 너 행복할 거니? 어쩜 요즘 같은 세월에 서른 살에 결혼을 하니"라고 내가 말하자, 그녀는 마치, 다 산 노인네처럼 "결혼 해보고 안 되면 헤어지죠"라고 답했는데, 그 모습이 내 마음속에선 자동 반복되고 있습니다.

나는 단지 기도할 뿐입니다. 너의 결혼이, 그 '쉼'이 그저 행복하기를. 근데 너, 정말, 서른 살, 지금 이 때에 결혼을 해야만 하는 거지? 납득이 안 되지만. 그래. 다시 질문을 하고 스스로 제가 답합니다. 푹 쉬렴. 그저 이제는 추억하고 싶은 일들만 있기를.

또다시 기도합니다.

---

* '스드매'는 스튜디오, 드레스, 메이크업을 묶어 부르는 웨딩 업계의 말입니다.

> **궁금했어요**
> 만신은 주례를 안 봐주나요?

  간단합니다. 창피합니다. 존경의 대상이 아니고 가르침의 대상이 아니기 때문입니다. 제정일치 시대에는 가능했을까요? 스님의 주례를 본 적이 있고 신부님, 그리고 목사님의 주례는 본 적이 있습니다. 물론 존경의 대상이기도 하거니와 종교가 가지는 이미지가 주는 힘이 있습니다. 그분들은 존경의 대상이고 나의 성스러운 결혼이 성스러움 그 자체로 빛나게 해주기 때문입니다. 만신도 주례를 봐 줄 수 있습니다. 저! 봐 드릴 수 있습니다. 하지만 종교라는 틀이 없고 오로지 신앙인이라는 점에서 욕심내지 않습니다. 개개인의 이미지에 따라 존경의 이미지가 다르기에 저어됩니다. 또한 현재의 만신들이, 무속업계에서 일하는 이들이 얼마나 존경받을 행동을 하고 있는지 스스로 자문해 볼 질문이기도 합니다.

  뉴스에서 접하는 무속인들의 갖은 행태와 여러 사건들을 보노라면 많은 생각이 듭니다.

미완성 레시피

이혼이라 불리지만 이혼은 아닙니다.

사랑한다고 했던 그때만큼은 진심이었을 겁니다. 우리의 앞날을 함께하자고 당신이 혹은 당신을 꼬옥 안고서 미래를 약속했습니다. 이제 우리는 결혼으로, 남아 있는 생을 약속했습니다. 기쁘기도 합니다. 한편으로는 나는 한다. 넌? 하는 마음도 듭니다. 또 한편으로는 두렵기도 합니다. 이것이 맞는가, 싶습니다. 하지만 이미 뱉은 혼인의 약속에, 올라탄 기차는 달려갑니다. 결혼, 부부라는 종착역으로 내달리기 시작했습니다.

그렇게 시작했습니다.

한 번도 보지 못했던 사람들에게 어머니 아버지라고 부르며 가족이 되어 가면서 익숙해지지만, 무언가 이상하기도 합니다. 나와는 너무 다른 '우리엄마'와 '우리아빠', 시누이, 아주버님, 도련님, 형수 등등 말도 생소합니다. 친척이라고 불리는 낯선 이들, 혹은 먼저 떠나간 사랑하는 이의 부모를 대신하여 친척 어른들을 부모님이라고 불러야 하는 어느 순간. 그래도 '내 사랑'이 안쓰러워 받아들이려고 합니다.

  죄송합니다. 이름 한 번 불리지 못하고 떠난 아이에게 너무나 형언할 수 없을 만큼 미안합니다. 그녀도 그도 가슴속에 아이를 묻었습니다. 내게 처음으로 찾아온 아이는 포기할 수밖에 없었기 때문입니다. 우리들은 함께 서로 아무 말도 하지 못했습니다. 너무 이른 아이, 왜 지금 찾아왔니. 죄책감에 그도 그녀도 말없이 눈

득 자신부

물을 흘립니다.

누구 하나 경제생활을 포기할 수 없었습니다. 처음의 약속과는 너무나 다른 시댁과 처가의 어르신들이 원망스럽기도 합니다. 경제적 지원을 많이 바란 것도 아닙니다. 방이 작든 크든 어느 동네에 살든 다 좋습니다. 다만 아이를 낳기만 하면 봐준다던 말들이 더 이상은 들리지 않습니다.

이 악물고 열심히 돈을 법니다. 다시는 포기하지 않으리라, 나에게 찾아온 내 생명을. 이 무능력한 나. 그래요, 한 편으로 상대가 미워지기도 합니다. 처음으로 나의 반쪽이라 아꼈던 저 사람이 독하게 느껴집니다. 함께 하자고 한마디만 해주길 바랐습니다. 한 번만 나를 믿고 아이를 키우자고 말해주기를 바랐습니다.

압니다. 이미 지나간 일입니다.

그래서 이를 악물었던 것입니다. 뻔할 정도밖에 안 되지만 들어오는 돈이라도 어떻게든 모아 누구든 한 명이 경제적인 생활을 접는대도 아이를 키울 수 있게 말입니다. 그러면서 우리는 돈 버는 기계가 되어 가고 있습니다. 가족 행사에 참여하는 것은 사치였습니다. 솔직히 말하면 참여하고 싶지 않은 마음도 컸습니다. 그렇게 세월이 흘러갔습니다.

몇 번의 사계절이 지나갔습니다. 어느 날 이었습니다. 그 어느 날, 아침에 눈을 떠봅니다. 아직 해가 완전히 떠오르지 않은 어둑 새벽에 방안의 가구와 방바닥의 무늬가 어슴푸레 보이기 시작합니다. 내 옆의, 그래요, 한때 사랑했던 사람의 낮은 숨소리가 너무 낯섭니다.

내 옆에 있는 그는, 그녀는 도대체 누구인가요. 모르는 그 누군가가 내 침대의 어느 한구석에 누워 숨소리를 내고 있구나, 라는 생각만 듭니다. 우리는 지금, 왜 여기에 있는 건가요?

매 순간을 노력하려고 해도 더 이상 그럴 힘조차 남아 있지 않습니다. 이 사람을 만나던 모든 시간들, 그리고 결혼해서 살아왔던 그 매분·매초까지 하나하나 기억 속에서 헤아립니다. 왜 우리는 타인보다 못한 남이 되었나. 백패커들의 다인실에서나 볼법한 어느 누군가가 내 옆에 누워 있게 되었는가. 왜 우리는 서로 타인이 되었을까요. 왜 우리는 더 이상 사랑이라는 말이 부자연스러울까요. 부부관계는 기억이 나지 않습니다. 아이를 위해 달려왔다던 우리는 이제 각자를 위해 그저 뜀박질만 하고 있습니다. 그리고 우리는 더 이상 우리가 아닌 한 공간의 타인과 타인으로서 충실한 모습을 보여 줍니다.

왜 이 사람은 우리가 '부부'라는 이름을 가지고 살아온 그때서부터 난생처음 보는 모습으로 나를 대하며 '나'라는 사람이 잘못된 건지 '그' 혹은 '그녀'가 잘 못 된 건지, 도무지 납득하지 못할 말들과 행동을 하는 걸까요. 결혼이 종착역으로 끝날 줄 알았던 내 삶이 이혼이라는 외지고 먼, 마지막 역을 향해 치닫고 있는 걸까요.

왜 이 사람은 다른 사람과 함께 지내면서도…… 네, 차마 바람이라고 말하고 싶지 않습니다. 내 자존심이 허락하지 않습니다. 하지만 부정할 수 없습니다. 나 아닌 타인이 예전의 나를 대체하고 있다는 것, 그래서 더 이해가 가지 않습니다. 도대체 왜 나와 어떻게 나란히 누워 있을 수 있을까요.

왜 이 사람은 술만 먹으면 죽겠다고 위협하며 차라리 죽어도 좋을 정도로 저를 비참하게 할까요. 직업이니, 영업을 하기 위해서는 그러려니 했지만, 지금의 그는 마약보다 더 끊기 힘들다는 술과 사랑에 빠졌습니다. 제가 더 이상 보이지 않습니다. 아니 처음부터 제가 아닌 술에 취한 자신을 사랑한 사람이었을지도 모릅니다.

왜 이 사람은 우리가 만든 새 가족이 있는데도 떠나온 옛 가족이 우선일까요? 언제까지 그들의 말이 곧 법이어서 밥먹는 식단도 집의 구조도 세세한 미래의 계획까지도 그들에 의해 좌지우지되어야 하는 것일까요?

왜 이 사람과 함께하는 것은 그 어떤 막장 드라마보다, 공포영화보다 두려움을 가슴에 품고 대해야 하는 시간일까요. '그'는 혹은 '그녀'는 사랑해서 때린다며 그래야 내가 정신 차린다며 도저히 인간이라면 보지 말아야 할 그 '끝'을 매일 보여주는 것일까요?

왜 이 사람은, 왜 이 사람은, 왜 이 사람은….
왜 이 사람은…

맞습니다. 우리는·그는·그녀는·그들은 위의 그 어떤 이유들뿐만 아니라 수많은 이유들로 이별을 선택하려 합니다.

부부로 가정을 이루고 살면서 누구나 한 번쯤은 혹은 수없이 이혼을 생각해 보기도 합니다. 힘든 역경을 넘어갈 때 그들은 점사를 봅니다. 점을 보다 보면 도무지 함께 살 수 없는 사람들도 있고 역경을 넘기며 그렇게 한평생 사는 사람도 있습니다. 역경이라고 생각하며 함께 살 수 있을 때는, 그럴 때는 이렇게 말씀드립니다.

"받아들이는 거 죽어도 안 되죠? 그냥 포기하시죠. 그 사람이 그 가족들이 달라지길 바라지 마세요. 선생님이 먼저 달라지세요, 사뿐히 무시하고 보여도 안 본 척, 나에게 더 집중해 보세요. 세월이 지나 빛바래고 늙어가며 얼굴에 주름이 깊어져 가는 주변의 사랑하는 사람들처럼 사랑이라는 이름도 부부라는 역할도 처음 만났을 때처럼 같지는 않을 거예요. 달라지고 있고 앞으로도 또 변해갈 거라는 걸 잊지 마셔야 해요. 한번, 우리 시도해 볼까요. 한번 받아들여 보시죠. 달라진 저 사람. 나라는 존재."

반면에 목소리만 들어도 그들의 이름만 들어도, 더 정확히 말해 한 사람이 끝까지 희생을 하고, 사람으로서 존재하지 말아야 같이 살 수 있는 이들이 있습니다. 이별이 코앞에 다가온 사람들입니다. 이미 도장만 찍으면 끝날 사람들, 이혼을 심각하게 고민하며 의뢰하는 손님을 두고서 만신의 입에서 이혼을 말해야 하는 그때, 그때 내놓는 첫마디가 있습니다.

"지금까지 잘 버티셨어요, 정말 잘 하셨어요. 이제는 그만 애쓰셔도 되어요."

"이렇게 한번 살아 봤으니, 다른 삶도 살아 봐야죠. 할 만큼 하셨으니 이혼한다고 해서 자식들에게 죄책감을 갖지 마셔요. 아파하는 당신을 보고 아이들은 더 아파할 테니까요. 내 부모와 형제자매에게 미안할 필요 없습니다. 당신이 불행하면 그들도 불행하니까요. 지금까지 버텨주셔서 정말 고마울 따름입니다."

이 말이 나가는 건, 내 기준으로 내가 모시는 신의 말씀으로 절대 같이 살 수 없다는 점사가 나올 때입니다. 아무리 신이 말해주신대도 그것이 맞다 하더라도 선택은 인간의 몫일 것입니다. 그럼에도 저렇게 말을 할 수밖에 없을 때 많이 아쉽습니다. 미안하기도 합니다. 늘 좋은 말만 들려주고 싶은 마음인데 헤어짐이 임박했다고 말하고 이제는 타인이 된다는 말에 저도 함께 화도 내고 울기도 하고, 그리고 다시 그들이 마주할, 원치 않는 '시작'에 대해 차분히 설명해 줍니다. 그때는 점을 보지 않습니다. 그때는 수십 년 동안 이혼했던 단골들의 이야기를 들려줍니다. 그리고 그들이 직면한, 그 열렬히 원하면서도 또 절대 그렇게 되고 싶지 않았던, 그들의 선택에 따른 두려움을 함께하려 합니다.

   점사의 막바지에 다다랐을 때, 그들이 물어봅니다. 그건 남자도 여자도 그 누구도 다를 바 없습니다.

   "제가 정말 혼자 잘 살 수 있을까요? 또 누군가가 나타나게 될까요? 나타나도 무섭고 안 나타나도 무서워요."

   두려워하는 마음을 읽고 제가 말씀드립니다
   선생님이 어떤 선택을 하시든 저는 선생님을 지지합니다. 그것만큼은 잊지 마셔야 합니다. 아무리 자본주의 시대에 돈으로 이렇게 서로가 연결되었다 해도 만신이라는 이름으로 감히 선생님의 운명을 말하네요. 네 그럼에도 불구하고 내 신명을 앞세우고 어렵게 말합니다. 선생님 혼자가 되는 게 두려운 게 아닐지도 모릅니다. 선생님이 선택한 '끝'은 시원함과 혼자라는 공허함이 끝없이 교차할 거라는 걸 이미 예상하셨기 때문입니다. 그것이 두려울 것입니다. 함께했던 추악하기도 했고 행복하기도 했던 그 추억이 우리들을 괴롭힐 거고, 누구에게도 말하지 못할 외로움을 내 스스로 합당히 받아들일 수 있는가에 대한 망설임이 우리를 두렵게 할 거예요. 그래도 선생님, 내가 지금 무엇을 선택해야 마음에 찡한 짐이 없어지고 무엇이 맞는지, 다시 한번 돌아가는 길에 생각해 보세요. 이제는 그것을 마주할 준비를 하셔야죠.

그리고 "이혼은, 누군가와 헤어지고 다시 결혼하는 것"이 이혼의 정확한 뜻이에요. '헤어지는 것만이 아니라 다시 누군가와 결혼하는 것까지를 이혼의 완성'이라고 합니다. 지금만 생각하시면 어떨까요, 선생님. 누군가를 만나고 안 만나고는 선생님의 온전한 선택이에요. 아무 걱정 마세요. 현재에 집중하시고, 이혼의 완성은 의무가 아니기에 선생님의 선택이기에.

마지막으로 늘 그랬듯 선생님의 편에 서 있겠습니다.

> **궁금했어요** 궁합이 나쁘다는데 어쩌죠?

　이렇게 말씀드리면 합리적일까요? 처음부터 보지 말 것. 하지만 너무 불안하다, 혹은 이미 주변에 누군가가 봐 와서 나쁘다고 들은 상태라면 어쩔 수 없습니다. 건강 검진이라고 생각하고 통계학과 싸움을 벌여야 한다고 생각합니다. 쉽게 말해 신점과 명리학으로 사주를 넣고 궁합을 봐주는, 점을 봐주는 곳을, 예를 들어 두 군데, 세 군데를 갑니다. 가면 공통적으로 다들 안 좋다고 하는 분들이 꼭 계십니다. 자 생각해 보십시오. 통계학과 유사한 명리학도, 각자의 신이 모두 다른 신점도 하나같이 안 좋다고 얘기하는 게 미신을 넘어 과학에 가깝지 않나요? 그렇다면 한번은 진지하게 고려해 보십시오. 하지만 반반 이상 갈리거나 좋다 나쁘다가 갈리면 그건 살기 나름입니다. 결혼. 하십시오.

붉은 실과 영혼의 짝

'운명의 붉은 실' 이야기입니다.

운명적인 만남을 하는 남자와 여자는 태어나면서부터 서로의 새끼손가락과 새끼손가락이 보이지 않는 붉은 실로 연결되어 있다는 것입니다.

일본의 오랜 역사책에는 운명으로 맺어진 남녀에 관한 전설이 있습니다.

아름다운 여자가 있었습니다. 그리고 그 여자를 만나러 한 남자가 매일 밤 찾아옵니다. 늘 밤이 되어서야 왔다가 날이 새기 전에 돌아가 버려서 여자는 남자를 제대로 본 적이 없습니다. 둘은 결혼을 약속하고 부부의 연을 맺었고, 여자는 곧 아이를 가졌습니다.

딸이 아이를 갖자, 그녀의 부모는 깜짝 놀라 아이의 아버지가 누구인지 말하라고 추궁합니다. 하지만 부모는 딸이 이름도 얼굴도 모르는 남자와 혼인을 약속했고 아이를 가졌음을 알게 됩니다. 그래서 한밤중에 왔다가 새벽에 가버리는 남자를 쫓기 위해 남자의 잠자리 앞에 붉은 흙을 뿌려 두고 실을 끼운 바늘을 옷에 꽂아 두라 합니다. 여자는 남자가 돌아간 후 그 실을 따라 남자를 찾아

갑니다. 도착한 그곳에서 여자는 남자가 사람이 아닌 뱀의 신임을 알게 됩니다. 신과 사람의 사랑 이야기는 붉은 흙이 묻은 붉은 실이, 소중한 사람, 연인에게 데려다 준다고 알려지면서 결혼과 사랑을 상징하는 것이 되었습니다.

중국에도 비슷한 이야기가 있습니다. 발목을 잇는 빨간 밧줄 이야기입니다.

당나라 시절 '위고'라는 젊은 남자가 여행을 하고 있었는데 여행 도중 머무를 곳을 찾다가 한 노인을 만납니다. 그 노인은 달빛 아래에서 커다란 망태기를 옆에 놓고 책을 읽고 있었습니다. 망태기 안이 궁금했던 남자는 노인의 망태기 안에 든 빨간 밧줄을 보게 됩니다.

노인은 자신이 세상 혼사가 다 적힌 책을 읽고 있다며 빨간 밧줄로 남녀의 발목을 묶으면 두 사람은 반드시 결혼하게 된다고 일러 줍니다. 위고는 미래 아내가 어디 있는지 물어보았고, 노인은 그 마을 채소가게 할머니가 키우고 있는 세 살짜리 여자아이가 당신의 미래의 신부라고 대답합니다. 그 얘기를 듣고 찾아본 아이는 행색이 초라하고 위고의 마음에 들지 않았습니다. 위고는 하인을 시켜 여자아이를 죽이라고 합니다.

세월이 지나 위고는 어느 태수의 딸과 결혼합니다. 그리고 부인에게 자기가 만났던 노인의 이야기를 들려줍니다. 그러자 부인은 놀라며 과거 채소가게 유모에게서 자라다 태수의 양녀가 되었다고 말해줍니다. 예언은 그렇게 이루어졌습니다.

달빛 아래 노인, 월하노인은 혼인 중매인을 일컫는 말로 쓰입니다.

하지만 붉은 실이 때로는 너무 엉켜있어 그 끝을 영영 찾지 못할 수도, 다른 사람의 실과 엉켜 착각하게도 되는 걸까요? 혹은 묶여는 있는데 언젠가는 저절로 만나겠지, 하며 그냥 놔둬서 아무런 진전도 없으면 어떻게 되나요. 끝없이 이어지는 생각에 저도 고민입니다.

여우 생식기

카타르의 알자지라 방송에서는 한국 여성들이 건조된 여우 생식기를 백에 넣어 다닌다는 보도를 합니다. '마법의 여우부적'으로 알려진 이것은 솔로에게 행운을 가져다줘 짝을 찾을 수 있게 한다고 믿기 때문이랍니다. 2017년 보도 당시 한 여성은 35만 원에 구했다네요.

북극여우는 암수가 한번 짝을 맺으면 죽을 때까지 일생을 함께 한다는 이유로 일부 무속인 사이에서는 애정운의 상징으로 취급됩니다.

여우의 털이나 생식기 조각을 부적으로 지니면 부부사이의 금슬이 좋아져 바람난 남편은 가정으로 돌아오고 시집 못 간 노처녀는 천생연분을 만난다는 속설 때문에 밀수도 마다 않습니다. 그러는 사이 북극이 아닌 중국 산둥성 등지에서 대량으로 교배돼 살육된 여우의 생식기는 원가 80원에서 무려 1,500만 원을 호가하고 있었습니다.

효험에 대해 말도 하기 싫습니다. 긴 이유도 달지 않겠습니다. 북극여우는 다른 북극 생물들처럼 멸종위기이고 경면주사 구하기가 어려워지자 붉은 물감을 대체제로 쓰듯 제가 아는 한 시중에 돌아다니는 여우 생식기의 대부분은 '개 생식기'입니다. '개' 생식기입니다.

마법의 나비부적 | 여우 생식기를 대신해 줄 나비부

더 가벼워야 할 당신의 삶을 위한 **부적 레시피**

7

새로운 시작, 죽음

더 가벼워야 할 당신의 삶을 위한
부적 레시피

7. 새로운 시작, 죽음

> **궁금했어요** 죽으면 나의 반려견이 마중을 나오다던데요.

그럼요. 당신이 믿던 신이 당신을 마중 나올지도요. 당신이 따르던 종교의 어느 지도자가 나오기도 한다고 합니다. 하지만, 정말 환생은 어렵다고 하네요. 환생이나 또 다른 세계의 차원으로 떠나 영영 보이지 않는 영가는 매우 드물게 느껴집니다. 제 경험에서는 영가를 부르면 생전의 종교를 막론하고 거의 다 찾아오시는 게 대부분입니다.

「티벳 사자의 서」와 저와 제 주변 이들의 경험에 따르면 죽기 바로 직전에 어떤 마음을 먹느냐에 따라, 그러니까 신이 오시길 바라고 혹은 가까운 내 가족이나 사랑했던 먼저 떠난 연인과 함께 죽은 곳에서 살아간다고 믿는다면 죽음이 슬프지만은 않을 수 있습니다. 위와 같이 마음을 늘 먹고 있는 분들은 이미 떠난 가족의 모습으로, 그들 중 너무 애틋하고 정말 보고 싶었던 분들이 나를 마중 나오기도 한답니다. 믿고 따랐던 신이 마중 나오기도 하고요. 그뿐만 아니라. 익숙한 반려견이나 반려묘의 모습으로 마중 나오기도 합니다. 그리고 영화나 드라마에서 보는 일들이 실제로 일어나기도 합니다. 제가 정말 사랑하는 미국 드라마 「Six feet Under: 식스 핏 언더」 마지막 회, 가수 Sia의 'Breathe Me'가 배경 음악으로 깔리고 등장인물들의 미래에 죽는 모습들이 흘러가는 장면을 보시면 정말 가슴에 와닿을 것입니다.

생과 사의 경계에서 날아온 레시피

단 1%의 가능성이 있다면 무엇이든 해요, 해야 한다고요.

무속에서 음력 2월과 10월을 '황천부정'이라 부릅니다. 유독 그 달에 사람들이 많이 죽기 때문에 붙여진 이름입니다. 그래서 이달을 따로 콕 집어 부정을 내치기도 합니다.

과학적으로 추론해 보자면 날씨가 갑자기 따듯해지거나 갑자기 추워지면 뇌출혈이나 심혈관계 질환이 발생하기 쉽고, 얼음이 녹거나 얼면서 넘어지거나 잘못 헛디디고 떨어지는 낙상수가 생기기 쉽기 때문일 것입니다. 요맘때쯤이면 TV 기상캐스터들은 모자, 목도리를 준비하시라, 미끄러움을 조심하시라는 과학적 공수를 내놓습니다.

그 어느 10월의 이야기입니다. 한 사람의 죽음에 대한 이야기입니다.

전화를 끊자마자 지체없이 걸어오시는 바라지 선생님의 목소리가 심상치 않습니다.

아프시다는데 급박하시대요. 연결할까요?

이런 전화가 오는 순간, 저의 모든 일상은 멈춰집니다. 만신의 일상이라고 해봐야 남들처럼 밥 먹고 음악도 듣고, 제 할 일을 하고, 다 비슷하지요. 만신의 특별한 일상이라 하면 다녀간 이들을 위한 기도를 하고 공양할 꽃을 만들고 혹 굿이 예정돼 있을 땐 기물을 손수 만드는, 기도와 준비의 과정입니다. 어느 정도 마무리가 되면 예약하신 단골네들을 모시고 점사를 보고 그날의 영적인 상태에 맞추어 부적을 쓰기도, 양기가 찬 비방을 하기도 합니다. 어떤 날은 문득 마음에 걸리는 손님에게 전화를 해보기도 합니다.

'급박'이라는 말은 생사가 오간다는 암묵적 단어이다 보니, 만신이 워낙 다양한 만남 속에 살고 있다 해도 이는 일상에 큰 균열을 일으킵니다.

병마와의 싸움에서 이제 죽음과의 싸움으로 넘어갔다는 저 말에 만신의 모든 일상은 멈춰집니다. 응급실의 의사 선생님처럼, 장의사의 염습 선생님처럼 단단히 마음의 준비가 되어 있는 만신이라 해도 쉽지 않습니다. 만신이 버티고 선 그곳에서 삶과 죽음을 넘나든다 해도, 살아있음에서 살아있지 못함으로 넘어가는 그 과정은 만신이기 전에 한 인간이기 때문에 쉽지 않은 일입니다. 겪고 또 겪어도 익숙해지지 않습니다.

왜냐면 저는 그들이 모두 살았으면 하고 바라기 때문입니다. 인간의 생로병사에서 죽음은 천하의 진시황도 막지 못하는 것이라지만 제발 이 고비를 넘기고 살아서, 주변 이들에게 이별을 준비할 수 있는 한 번의 기회를 더 주기를 바라기 때문입니다. 한 많은 망재와 한 많은 유가족이 되지 않길 바라기 때문입니다.

"아버지가 병원에 입원하셨는데 갑자기 급속도로 안 좋아지신 다고 방금 연락왔어요. 혹시... 아버지가 돌아가실까요."
"기침을 조금 하시다 병원에 가셨는데 급성 폐암이래요. 지금 입원했는데 어떻게 해야 하나요."
"어머니가 뇌혈관이 터졌대요. 수술 중인데 열 시간이 지나도 안 나오시다가 이제야 나왔는데 며칠 남지 않았대요. 정말 돌아가시면 저희는 어떻게 살아요."
"요양병원에서 전화 왔어요. 돌아가신다고, 그래도 고비고비 넘어가셨는데 이번에는..."

이번에는… 이번에는 그 말끝에 택시를 부르는 소리가 들립니다. 화경이 없어도 머릿속에 훤히 그려집니다.
저 모든 질문에 총알을 쏘듯 가슴팍에 새겨지게, 매정하게 하는 제 첫 번째로 대답은 이렇습니다.

"돌아가셨다고 연락 온 게 아니잖아요. 생사를 오 가시는 거지. 정신 똑바로 차려요!"

불호령을 내립니다.

그리고 잠시만 모두 멈추고 내 이야기를 들어 달라고 부탁합니다. 우선 지금 내가 죽음의 문을 여신다, 다시 여기 세상으로 오신다고 점사를 보는 게 중요하지 않다고 말씀드립니다. 연락을 주신 단골네가 진정이 되면 비로소 종교를 묻습니다.

기독교를 믿고 있던 분들이라면 예수님과 하나님을 한없이 부르고 찾으라고 말합니다. 그리고 목사님을 찾아갈 형편이나 상황이 되면 꼭 부탁해서 함께 단체로 기도하라고 일러 줍니다. 만신의 생각이나 말이라고 절대 언급하지 말라고 합니다. 만신에 대한 편견 때문에 움직이지 않는 걸 본 적이 있어서 그렇습니다. 성당에 다니는 이들에게는 원래 찾았던 성인이 있으면 그분에게 직접 기도하시고 아니면 성모님을 찾으라고 말씀드립니다. 그리고 꼭 신부님을 만나 기도를 부탁드리라고 하죠.

불교의 특성상 대놓고 매주 나가거나 신앙생활이 지속적이지 않은 경우가 많아, 이들에게는 약사경의 어떤 주문을 외워라, 약사여래불을 염불하라, 화엄성중을 찾으라 합니다. 무속을 따르는 자에게는 비방을 알려주기도 하고 급하게 여러 방법을 쓰기도 하고, 부적을 쓰기도 합니다.

이들에게 말해주는 모든 공통점은 이것입니다. 영화 속 천사가 내려올 때 정말 큰 빛이 생긴 다음, 환한 하얀 빛이 주변을 모두 집어 삼키고 이어 천사가 내려오는 장면, 마음속에 있지 않냐고.

바로 그렇게 환한 빛을 생각하고 그 빛이, 누워있는 생사를 오가는 이에게 비추고 있어서, 그 빛이 모든 아픔을 녹이게 하는 상상을 하라고 말합니다.

언젠가는 일어날 우리의 일일 것이고, 또 일이었던 의뢰자들의 마음을 어떤 단어로 형언할 수 있을까요. 상상조차 하지 않았던 일이 바로 코앞에 일어나 마비된 듯 생각이 멈춘 듯, 그들은 두려움이 가득 차 조심스레 묻습니다.

엄마, 아빠가, 나의 형제 자매가 죽을 운명입니까?
저희.. 준비해야 할까요?

저의 대답도, 자세도 그리고 목소리 톤도 항상 같습니다. 뼛속까지 아렸던 어느 겨울날의 추위와 한기를 품고서 봄날의 뭉긋한 따스함으로 인간에 대한 예의를 지키려 노력하며 말하려 하지만 말문을 여는 것이 쉽지는 않습니다.

"선생님, 죽음은 천지신명만 안다고 하죠. 결국 아무도 모른다는 거예요. 죽음을 말하면 명이 다해서 못 한다고 하죠? 몰라서 그런 거예요. 이치에 맞지 않아요? 천기누설? 세상에 비밀이 없고 임금님 귀는 당나귀인데 어찌 하늘의 비밀이라 할지라도 지켜지겠어요. 다들 말하고 다니지. 그 이유는 누구도 죽음을 예언할 수 없기 때문일 거예요."

그래서 꼭 말합니다. 다시 말합니다. 목소리에 힘을 꽉 주고 정신 차리고 잘 들으라고 합니다.

"죽음에 다다랐다는 연락에 아직 우리는 1%의 가능성이 있어요. 정신 차리고 들으세요! 지금 부고 소식 받지 않으셨잖아요. 그러니까 우리가 지금 할 수 있는 모든 걸 해야 해요. 영적으로 할 수 있는 그 모든 걸. 지성이면 하늘이 감응을 하신대요. 그러니 이게 마지막이 될지 고비가 될지 모르지만 1%의 가능성이 있는 이 순간 제가 같이할 테니, 제가 함께해 드릴 수 있는 모든 걸 할게요. 같이 해 봐요. 제가 의사라면 의사의 방법으로 어떻게 도와드리겠지만, 저는 만신이고 만신인 저에게 연락을 주셨기에 거기에 맞게 해봐요. 떨지 마시고, 포기도 마세요. 손 놓지 마시라고요. 아픈 사람 누워 있다 해도 다 느낀단 말이에요. 우리가 힘을 내고 움직여서 그 힘을 거울이 되게 반사 시켜 누워계신 그분께 드려야죠."

내 마음은 더욱 급해집니다. 제 입장에서 영적인 문제로 고비가 오는 것인지, 정말 가야 할 때 가야 하는 것인지 우선 판단을 하고, 지금 생사를 오고 가는 환자의 상황에 맞춘 각종 경전 중, 그 상황에 가장 잘 맞는 것을 권해줍니다. 식구에서 혹은 친구에서 혹은 동료에서, 보호자로 역할이 바뀌어 정신없을 그들에게 일반 사람들이 쉽게 구하기 힘든 것들, 예를 들면 경전이나 비방을 하는 재료 등을 직접 인터넷에 들어가 사서 배송해 주기도 합니다. 그리고 유트브로 경전의 한 주문을 연속으로 들을 수 있는 주소를 보내주고, 당장 부적을 받을 수 있는 주소를 알려 달라고 합니다.

나의 일상은 오로지 이들에게 맞춰집니다. 내 전부가 맞춰집니다. 그 1%를 위해서.

함께 기도하자는 그 말, 꼭 지킵니다. 왜냐하면 그들에게도 마지막일 수 있지만 나에게도 마지막일 수 있기 때문입니다. 생사를 헤매이는 그 분이 몸 없이 혼으로 찾아오지 않길 바라는 마음으로, 급하게 비방을 제가 직접 하기도 하고 치성을 올리기도 합니다. 이 상황만큼은 아무리 이것이 내 직업이라 할지라도 그건 두 번째 문제입니다. 지금 그 1%의 가능성에 모든 것을 걸고 내 모든 신들에게 고합니다.

"살려주세요. 할마이, 할바이. 우리 신령님들.. 제발요..." 하고 향 하나 사릅니다.

그리고 한고비 넘겨 전안에 털썩 주저앉습니다. 네, 압니다. 지금까지 읽어 내려오시면서 만신인데 그래도 죽을 사람 안 죽을 사람 알지 않겠냐고. 네. 압니다. 그렇게 급히 목전까지 온 상황이면 대부분의 영적인 능력이 있는 사람들은 죽음의 기운을 느끼고 '못

산다'고 말합니다. 저도 그랬습니다. 하지만 아무리 내 신명이 그렇게 보여주고 말씀해 주셨다하더라도, 안 믿고 싶습니다.

어느 해, 어느 날 이었습니다.
저와 같은 영적인 능력을 가진 이들이, 여러 나라에서 모이는 모임에 일 년에 한 번씩 나가게 되었지요. 세도나(Sedona)라고 불리는 미국의 서부 어느 사막이었구요. 나와 같은 사람들 하지만 서로 다름을 존중하는 이들의 모임이 자연스레 만들어져 정말 좋았습니다. 몇 년째 꾸준히 겨울마다 나가다 보니 그렇게 나가는 걸 알게 된 여러 손님들이 생기게 되었고 각주에 다니며 그 주에서 손님을 만나며 다녔습니다. 그 어느 해, 그해따라 다른 때와는 다르게 긴 여정을 보내고 왔습니다.

좋은 기운을 담고 오고, 좋은 사람들 만나고, 나와 통하는 사람들을 만나 행복한 나날들을 보냈습니다. 그런 어느 날 손님이 말씀하십니다. "고모님이 돌아가셨어요" 네? 아. 그분. 자식도 없이 혼자 살아내셨던 분, 여기저기 아파도 이번 고비만 넘기면 살 수 있겠다고 괜스레 마음이 가던 단골네. 육십이 나이냐며 이번에 나으면 장사해서 돈 많이 벌 수 있으니 산자락 입구에서 막걸리와 파전 팔자고, 작게 한번 해보자고 매달 만나면서 힘을 서로 주고받았던 분. 그분이 돌아가셨다고 합니다. 허망했습니다. 늘 있는 일이지요. 하지만 마음이 간 그 순간만큼은 마음이 간 만큼의 몇

곱절로 허망합니다. 그 분에게 병문안을 갔을 때 자신에게 물어보시더랍니다.

"그 선생님은 한국에 오셨다나, 아니, 내가 날 병인가, 언제 퇴원하나 물어나 봐라. 내 낫겠나"

그리고 며칠 뒤 지병이 급성으로 악화되어 돌아가셨다고 합니다.

"그 선생님이 내가 난다고 하더나?"

'네. 그럼요 나아요. 힘내세요. 언능 나오세요. 다 낫고, 다시 돈 버셔야죠. 그나마 육십 평생 중 지금이 가장 행복하고 돈도 버시고. 그래도 자매들 앞에서 떳떳해지셨잖아요. 오늘까지만 아프고 내일은 나으세요'라고 저는 말하지 못했습니다. 시차와 기도와 또 여러 장소를 이동하면서 방해받고 싶지 않는 마음에 한국과의 연락에 소홀했습니다. 그때 내가 "네 다 나으실 거예요, 걱정 말고 언능 나오세요"라고 말 한마디 했다면 어땠을까. 지금도 기억에서 지워지지 않습니다.

자식도 없이 그렇게 가버린, 어쩌면 나의 미래 모습일지도 모르겠다는 생각이었을까요. 아무도, 죽은 자를 위한 진오귀굿을 해 줄 수 있는 사람이 없다고 합니다. 형제자매 있더라도 다들 각자 살림이 있고 생이 있으니 이해합니다. 너무나 죄스러운 마음에 대답 한번 그 1%의 가능성에 열어 보여주지 못한 죄책감에 제가 진오귀굿을 아주 당연히 며칠을 준비했습니다. 넋을 올려 만나는 그 순간, 배시시 웃으시던 그 모습에 눈물이 터져 오열했던 그 기억이 가슴에 새겨져 지금도 그분이 떠난 어느 가을날이면 마음이 아려옵니다.

그분이 알려주셨습니다. 이제는 어딜 가셨는지 모르겠지만 불러도 나오시지도 않으시네요. 그 1%의 가능성은 우리 모두 사경을 헤매는 이들이 죽을 거라는 걸 알면서도, 그저 먼저 포기하지 않는 것입니다.

산자는 최선을 다했다는 그래서 그 죄책감을 감쳐줄 작은 천 쪼가리를 받는 것일 테고 망자가 되실 분에게는 나를 위해 마지막까지 이렇게 힘을 합쳐 생각해 줬구나, 죽어서 알게 된다면 그, 다른 세상으로 떠나는 첫 여정의 출발선에서 가슴에 봄바람 불 듯 따스함으로 죽었다는 맘이 들 거라고, 한이 덜 할 것이라고 봅니다.

그렇습니다.

전화를 해온 그들도, 전화를 받은 바라지 해주시는 선생님도, 일상을 바로 접어버린 나도 모두 압니다. 그 시간은 죽음을 받아들이는 시간과 방법을 서로에게 가지는 시간이라는 걸. 또 한편으로 1%의 기적을 바라는 마음이, 그 기적이 영화같이 이루어질 거라는 짧은 순간의 믿음이 무너진다 해도, 그래도 그 믿음이, 그 바람이 산자와 떠난 자를 토닥여 주기에 저는 아마도 인생에서 큰 변화가 없는 이상, 이렇게 그 1%의 희망에 힘을 실을 것입니다.

무엇을 어떻게 하든 온 마음 다해 누워있는 저들을 위해, 그리고 우리를 위해, 다시 만날 그 시간을 위해서요.

할 수 있는 모든 것을 다 해야 해요, 꼭.

〈주당 풀이부, 사자 물림부, 이별 여여부〉가 함께한 종합부

---

* 바라지

  본래 순우리말로 온갖 일을 돌보아 주거나, 입을 것과 먹을 것 따위를 대어 주는 것을 이르는 말로 무속 신앙에서 무녀가 굿을 할 때 장단을 도와주는 일 등을 하시는 분입니다. 다른 사람을 도와서 '뒷바라지'한다는 말인데 무속에서의 바라지는 무녀의 생활 일체를 뒷바라지하는 것을 의미합니다. 무속에서 생겨난 말이 불교에도 수용되어, 절에서 영혼을 위하여 식을 행할 때 경문을 받아 읽거나 식 거행을 거들어 주는 사람을 의미하게도 되었습니다.

> **궁금했어요**
> 저희 할머니는 상가(喪家)에 다녀오면 절대 바로 집에 돌아오는 거 아니라고 다른 데 들렀다 오라고 하세요. 제 친구 어머니는 현관 들어오기 전에 소금을 뿌리신대요.

상문이 든 해라는 말을 들었거나 집안에 어린 아기가 있다든지, 지병을 앓는 분이 계시면 꺼림칙하기 마련입니다. 예전부터 상갓집에서 귀신을 달고 온다고 해서 이를 막는 방편으로 고춧가루, 소금 등을 종이에 싸서 어깨 뒤로 던지곤 했습니다. 요즘은 편의점·식당 등에 가서 음식을 먹다 두고 오거나, 마트나 편의점 등 사람의 왕래가 많은 곳에 들러 기운을 떨치는 것도 많이 하시는 방편입니다.

절대 돌아가신 분이 악한 마음을 먹고 문제를 일으키지 않습니다. 이렇게 말하면 더 와닿을까요? 서울역 홈리스, 말 그대로 집 잃은 이들이 어디론가 가는 이들 사이에 빼곡히 있듯, 길 잃은 영혼들이 장례식장이나 그 주변에 빼곡히 있다고 생각하시면 빠르실 겁니다. 길 잃고, 집 잃은 이들은 제일 먼저 배가 고프겠죠. 저기 위와 같은 방편으로 그들에게 더 이상 여기까지, 라고 선언하는 겁니다. 그런 의미로 식당·마트·편의점에서 산 음식을 두고 오게 하는 것입니다.

반신반의하시는 분께 제안드립니다. 조문은 망자의 공간이자 시간 속에서 이루어 짐을 기억하십시오. 유가족에게 위로를 전하고 돌아가신 이유를 듣고 본인과 가족, 주변인의 안위를 머릿속에 떠올린 후, 조문하는 동안 수많은 사람들 속에 있었음을 기억하시고 집에 돌아오기 전에 어딘가 들러 손을 깨끗이 씻고 집으로 향하십시오.

  사실 더 주의해야 할 상황은 해외여행 후 귀국할 때입니다. 공항은 사람들로 붐비는 그만큼 많은 영가들이 머무는 곳입니다. 처음 들으시는 것일 수도 있지만, 제 경험상, 동남아시아의 경우 이런 믿음이 강한 이들이 많다 보니, 공항 주변에 물건을 숨겨놓고 이를 만지거나 건들게 하여 액풀이를 하는 관습이 있습니다. 부모님 세대 사마귀를 없애기 위해 돌멩이에 사마귀를 문질러 길에 놓아두고, 누군가 발로 차고 가는 걸 지켜봤다는 이야기를 떠올리면 비슷하다 봅니다.
  저는 여행부를 써드립니다. 간편하게 소지 가능한 카드 종이에, 여행 기간 내내 안녕하기를 기원해서 부적을 쓰고 이를 몸에 지니게 합니다. 재미있게 놀다 돌아오는 길에, 마지막 투숙한 호텔이나 공간에 해진 속옷이나 양말 등과 함께 이 부적을 싸서 쓰레기통에 두고 오시거나 비행기 타기 바로 전, 그 나라 공항에서 버리면 됩니다.

여행부

안전부

마포대교 레시피

죽음이 모든 것을 멈추게 할 거라는 착각을 하는
모든 이들에게.

   점사를 보다, 굿을 하다, 또 여러 이유로 망재를 만납니다. 돌아가신 이들을 망재, 또는 영가라고 표현하기도 하고 귀신이라고 하기도 합니다.
   앞으로 할 얘기는 단지 제가 겪은 것일 뿐 일반적이지는 않다, 는 전제조건 아래에 말씀드리는 것입니다. 참고 하시고 들어 주시길 꼭 부탁드립니다.
   모든 죽음에는 존중이 따라야 하고 그만한 애도와 슬픔이 따라야 합니다. 모든 죽음은 억울합니다. 타살이나 각종 범죄의 연루된 사건은 더욱이 그렇겠지요. 그럼에도 그 어떤 죽음보다 애달프고 슬픈 죽음은 자살이 아닐까 싶습니다. 이건 오랜 시간 만신으로 죽음을 겪은 망자들을 만나며 느낀 결과치입니다. 물론 원치 않는 죽음을 겪은 영가분들도 억울해하시는 경우가 많습니다. 말 그대로 경험치입니다.
   자살한 망재님들을 위해 진오귀굿을 하거나 따로 굿에서 조상거리를 놀아 줄 때에는 거의 대부분 다시 살겠다고 하십니다. 한

천존신장보호부 | 이 세상 하늘의 모든 신들과 그 신들을 보호하는 역할을 하는 신들이 당신을 지켜주는 부

을 풀기도 정말 힘들고, 보내기도 힘든 이유도 위와 같이 생애 대한 애착, 다시 살아야겠다는 애착을 못 버리기 때문입니다.

수백 명의 자살한 망재를 만나면 그 중 딱 한 명이나 될까, 하는 영가분만이 죽음을 후회하지 않습니다. 그분들은 정말로 죽음으로 무엇을 증명하려 했거나 혹은 죽음으로 자신의 결백을 증명하려 했던, 그런 특별한 상황일 때가 많습니다. 그 외에는 백이면 백 모두 자살한 자신을 원망합니다. 자신을 알아주지 못했던 그 당시의 주변 상황을 원망합니다.

내가 왜 그랬을까 내가 왜 문고리에, 내가 왜 약을, 내가 왜..... 그러면서, 신세 한탄에 제 몸에 올라와 내려갈 생각을 하지 않습니다. 그렇다고 제가 억지로 내려보내지도 않습니다. 얼마나 억울할지 짐작도 못 할 만하기 때문입니다.

단 한 가지 이유, 나는 정말 그때는 그랬지만 정말 그런 마음이 없었다고요!

네, 그들이 한강에 떨어지는 그 순간 '나 살고 싶어', 목을 매어 마지막 숨을 내쉬며 점점 앞이 흐려지는 그 순간 '제발 이 줄이 끊어졌으면 좋겠어', 약을 먹고 정신이 흐려지는 순간에도 '누가 나 좀 발견해 줬음 좋겠어', 물에 빠지는 그 순간에도 허우적거리며 '나 여기 있다. 나 여기' 발버둥 치다 그렇게 망재가 되었다고 합니다.

죽음이 다가오는 그 순간, 바로 이제 죽음이다라고 생각하는 그 순간, 자살로 죽은 모든 망재들이 입을 모아 하는 말입니다.

정말 제가 그렇게 될 줄 몰랐어요. 내가, 내가 아니라니..

영화 '이도공간'을 보면 빌딩에서 떨어져 자살한 귀신은 끊임없이 같은 곳에서 다시 떨어져 죽습니다. 그것을 보게 되는 영화속 주인공인 '장국영'이 그 영혼을 달래는 이야기가 영화의 주된 이야기입니다. 실제로 자신이 죽은 줄 모르고 계속해서 죽음을 반복하기도 합니다. 이는 특히 자살해서 죽은 영가들의 특징입니다. 그들은 자신이 살아 있다고 믿기 때문입니다. 그렇게, 같은 죽음을 반복하면서, 살길을 찾는 것이라고 저는 가만히 생각해 봅니다.

자신의 죽음을 받아들였다고 해서 그들의 한이 사라지는 것은 아닙니다. 잘 생각해 보십시오. 사람들은 사후세계가 따로 있다고 생각하지만, 물론 그럴 수 있습니다. 하지만 제가 아주 쉽게 여러분께 설명해 드리자면 죽음의 세계에서는 단지 우리 몸만 없어질 뿐입니다. 부르면 언제나 나오는 망재님들, 극락을 물어도 천국을 물어도 대답하지 못하는 영가님들을 보면 더욱 확신이 가기도 합니다.

모든 것을 차치하고 쉽게 생각하면, 죽으면 모든 슬픔과 아픔과 고통과 괴로움이 사라질 줄 알았건만 몸만 없어지고, 또 살아 있는 가족들에게 가서 말을 걸어도 대답하지 않고, 사랑했던 누구에게 가서 말을 걸어도 들어주지 않습니다. 어느 순간 나는 '자살귀'로 불리며 우리 가족들은 집안에 자살한 사람이 있으면 또 자살자가 나올 수 있으니 진오귀굿을 떠나 '퇴마'를 하라는 소리까지 듣고 다녀야 합니다.

내가 죽음을 선택했던 그 슬픔과 생의 아픔 등, 그 본질은 모두 사라지고 나는 그저 이제 우리 집안을 막아서는 나쁜 귀신으로 전락해 버립니다.

아닙니다. 그게 아니었습니다. 그들이 원했던 건 그 당시 아픔을 위로받는 것이었고, 도무지 어디서부터 다시 시작해야 할지 모르겠는 그들의 말을 들어줄 시간이었던 것입니다. 그들의 말을 들어줄 시간이 필요합니다.

아니, 죽음을 선택했지만 정작 죽음을 후회했던 자살한 모든 망재의 원한에, 우리 주변에서 그렇게 떠났던 누군가를 떠올리며 우리는 함께 해야 합니다.

내 말버릇 중에서 남들은 다 있어도 없는 것 하나가 '죽고 싶다'라는 말입니다. 스스로 자살을 선택한 망재의 그 처절함과 한 많음, 그리고 직접 몇십 년 동안 자살한 망재님들의 그 존재하기 위해, 억울해서라도 다시 살고 싶어 하는 수많은 행동들을 보면서 그 말은 제 안에서 자연스레 사라졌습니다.

어렸을 때부터 점사를 봤던 나는, 나를 이해하기 위해 '인간의 영역에서 나'를 이해하기 위해 정신과를 15년 넘게 다녔습니다. 지금은 내가 온전히 만신으로 나를 받아들이고 많은 것들을 내려놓고 또 무언가를 위해 열심히 공력을 쏟으며 그렇게 정신과 선생님을 저의 '슈퍼바이저'라 여깁니다. 어찌 보면 제 영적인 부분에서 힘든 부분을 해결해 주신 분이 나의 신령님이라면 인간의 영역에서 무조건 영적으로 해석하지 않고 매우 합리적으로 이해하기 위해, 저는 정신과 선생님께 "슈퍼비전"을 받은 게 아닐까, 시간이 지난 지금 그렇게 생각됩니다.

그리고 그 사이. 영적인 부분과 그렇지 않은 부분, 예를 들어 중독·조현·망상·작화·정신적 질환은 아무리 영적인 부분이 바탕이 되었다 하더라도, 어떤 무당은 귀신이 들렸다고 말할 수 있고 맞을 수 있지만, 현실적으로 약물치료가 정말 빠르게 작용합니다.

이런 판단을 위해 심리학을 공부하고 또 자격증을 따고 심리상담 실습을 나가기도 하면서 제가 점사는 보는 데 있어서, 마음이 아픈 이들을 위해 할 수 있는 모든 걸 해볼 수 있게 시도합니다. 점사와 상담사의 사이를 넘나들며 상담의 영역에서의 손님에게는 꼭 정신과를 추천합니다. 저도 우울증 약을 먹었고 공황장애가 있었다고 솔직히 말씀드립니다. 그리고 다시 한번 당부합니다. 저는 단지 여·부만 볼 뿐 판단은 저처럼 무속 전문가같이 정신과, 혹은 심리상담 전문가가 더 잘 맞을 테니 그쪽으로 찾아가시라고.

그리고 당신은 그럴만한 가치가 있는 사람이라고 말씀드립니다.

　우리는 자살귀로 불려 억울함으로 억겁의 생에 갇히지는 말아요. 힘들면 말해요 힘들다고. 죽고 싶다고, 더 이상 못 버티겠다고. 여기저기 도와준다는 번호가 있지만 항상 핫라인은 내가 급할 때 연락이 안 됩니다. 주변에 누구도 없다면 112라도, 119라도, 어제 만난 그 누구라도 말합시다. 우리 함께 살아가 봅시다. 얼마나 더 더러울 세상이 날 기다릴지……두고 봅시다.
　그럼에도 불구하고 괜찮은 무언가가 기다릴지 살아봐야 아니까요.

　제발, 이제, 그만 죽어요, 부탁할게요.

　감히 말하겠습니다.
　부디 길이 없다는 그 마음을 넘어 다른 길을 찾아낼 당신을 응원하고 있는 이름 모를 한 '인간'이 그래도 여기 서 있다고, 감히 말씀드리겠습니다.

도와주세요.

다리 난간을 붙잡고 섰습니다. 깜깜한 마음에 밝아 보이는 저곳으로 몸을 던지고 싶지만 여러 얼굴이 눈앞에 떠올라 쉽지만은 않습니다. 혹시나 하는 마음으로 전화를 해봅니다. 하지만 우울할 때 전화하라는 곳에서 전화를 받아주는 곳이 없습니다. 계속 통화 중입니다. 절망스럽습니다.

나는 하직 인사라도 하려고 했던 걸까? 어쩌면 누구든 날 붙들어 주면, 목소리만으로도 위안이 될 듯한데 난 그만한 존재 이유조차 찾을 수 없는 건가. 전화 연결이 안 되는 것은 내 운명인가…… 물 속에서 가라앉아 있는 듯 숨이 막혀옵니다.

우울감 등 말하기 어려운 고민이 있거나 주변에 이런 어려움을 겪는 가족·지인이 있을 경우.

자살 예방 핫라인 ☎1577 0199,

희망의 전화 ☎129,

생명의 전화 ☎1588 9191,

청소년 전화 ☎1388 등에서 24시간 전문가의 상담을 받을 수 있습니다.

　* 자살 예방 상담 전화는 109번으로 통합됩니다.
　 (2024년 1월 시행 예정입니다.)

　이 전화번호들 연결이 잘 안됩니까? 112라도 119에라도 전화하세요. 손에 쥔 전화기에서 아무 전화번호라도 눌러야 합니다. 우리 사회의 수 많은 사람들이 기꺼이 손을 내밀어 '내' 손을 잡아줄 것이라고 믿어도 좋습니다.

상담사례

> 종종 자신의 지병으로 인한 통증으로 죽는 날이 점점 가까워짐을 느낍니다. 물론 기우일 수도 있겠으나 지금까지도 몇 번 죽을 고비를 넘어오기도 했고 그런 만큼 매 순간 마지막이라 여기며 최선을 다해 살아가고 있습니다. 부디 언젠가 이 삶이 끝나는 날이 올 때 그 어떠한 후회도 미련도 아쉬움도 남지 않기를 바라며 계속 자신의 모든 것을 걸고 자신이 임하는 작업과 추구하고자 하는 뜻을 위해 전심전력을 다해 삶을 끝맺을 수 있기를 바랍니다.

'자신'의 지병으로 인한 통증으로 죽는 날이 다가오고 있음을 느꼈다고 하셨습니다. 죽을 고비도 넘기셨구요. 제가 지켜봤던 수많은 분들은 죽음이 가까워오면 그 사실을 받아들이고 포기하시는 분들이 대부분이셨습니다. 아마도 포기라기보다 '받아들임'에 더 가깝겠지요. 더 이상 어찌할 수 없음을 인정해야 하는 무엇. '백방'의 손씀이 무익하여 죽음의 시간이 나를 기다리고 있기에 깊은 두려움에, 그저 작은 웃음을 보여 주시기만 했던 분들이 주마등처럼 머릿속을 스쳐 갑니다. 죽음보다 무력함이 더 두렵다고 하시던 분도 생각납니다.

하지만 선생님은 많이 다르시네요. 끝까지 최선을 다해 살아가겠다는 의지가 참 보기 좋습니다. 대단하다고 여겨지기도 합니다. 다름이 아니라 삶의 끝을 마주하는 자세에 대해 '자신'은 '최선'을 다할 거라고 저 짧은 사연 속에 수 차례 언급하시는 모습에 결연함도 느껴집니다.

  선생님은 매 순간 최선을 다해 살아가고 있다고 하시면서, 또 한편으로는 다시 죽음 앞에서는 '후회', '미련', '아쉬움'은 없어야 한다고 정의하셨습니다.

  '자신'의 모든 것을 걸고 행하는 작업과, 작가정신을 위해 하고자 하는 것을 끝맺을 수 있기를 바란다고 하셨습니다. 그런데 선생님께서 보내주신 글을 수없이 읽으면서 의문이 점점 짙어져 질문을 하나 드리고 싶습니다.

  선생님, 대부분의 사람들은 나에 대한 글을 쓸 때 본인을 "자신"이라고 표현하지 않습니다. '나' 혹은 '내'가 붙은 '내 자신' 혹은 '저'라고 표현하죠. 누군가가 대신 써준 게 아니라 본인이 스스로 이 사연을 쓰셨다면 선생님께는 자기 자신을 스스로 타자화하는 모습이 발견됩니다. 소위 말해 내가 말을 하지만, 내가 들어가 있지 않는 문체. 네 많이 들어 보셨죠. 유체이탈이라고 하죠. 그것이 잘못되었다고 비난하기 위해 이렇게 말씀드리지 않습니다. 단지 자신의 무엇을 위해, 지병으로 죽는 것이 아니라 지병의 고통으로 죽어가고 있으며 그럼에도 불구하고 열심히 살겠다는 우리 선생님이, 또 작품을 위해 최선을 다해 죽음마저 걸고 작업과 작가정신을 다해 온 힘을 다한다고 말씀 하시는지요. 무엇을 위해.

　드라마 속 이야기를 듣는 것 같았습니다. 진심으로 써주신 것이 분명함에도요. 왜냐하면 나를 타자화하고 나를 마치 나 아닌 듯 남처럼 이야기하셨기 때문입니다. 선생님의 질병이 드라마 속의 나, 혹은 내가 받아들이고 싶은 멋들어진 나를 만들어 나가는 데 방해를 해서 그런 것일까요? 아니면 '지병'이 아니라 '지병의 통증'으로 죽어가는 선생님의 모습을 받아들이고 싶지 않으신가요?

　선생님, 하나 담담히 말씀드릴 수 있습니다. 그 어떤 통증이 찾아와도, 살을 찢어 내고 내가 나를 도려내고 싶을 만큼의 통증이 찾아와도, 선생님은 지금 가지고 있는 질병으로 절대로 죽지 않을 것입니다. 점바치 주제에 혹은 만신 주제에 그런 걸 네가 감히 장담을 하냐고 한다면 글쎄요. 선생님께서 이미 답을 다 내려주셨고 알려주셨기 때문입니다.

　선생님은 지병으로 인한 통증으로 고통받고 있지만 죽음의 고비를 무사히 지금껏 씩씩하게 넘겨 오셨습니다. 그리고 본인의 이러한 삶이 맘에 들든 안 들든, 선생님께서는 지병이 아닌 지병의 통증을 원동력 삼아 죽음도 불사하고 작품에 매진하시겠다는 다짐을 보여 주셨습니다.

저 부적에 수많은 가로의 선과 세로의 선이 보이시는 지요. 우리는 인생을 살면서 해와 달 아래서, 그러니까 무속에서는 일월성신이라하고 과학에서는 우주라 표현하는, 그 아래서 하루하루를 살아가며 나를 정의하고 내 주변을 정의하고 내 삶의 방향성을 정해 갑니다. 그러면서 우리는 나를 포함한 모두, 심지어 부처였던 양반도 내가 신으로 모시는 할머니 할아버지도 한때는 그 방향성과 자신의 삶의 방식에 경도되어, 자신을 있는 대로 받아들이지 않고 저렇게 마음에 금을 긋습니다. 그리고 나라는 존재를 일월의 큰 하늘 아래 두지 않고 작은 사각형 아래 두고서 그것이 전부인 양 끙끙 매달고 살다, 또 삶에서 전환기를 맞겠지요.

고통으로 인한 죽음을 받아들이고 그것을 이겨내고자 하신다면 제가 내는 숙제 한번 하시겠어요?

저 선들이 만들어 낸 네모난 섬들 안에 각 나라와 각 시대의 "나"라는 단어를 해방으로 이끌어 주세요. 좀 더 구체적으로 말씀드리자면 그 장렬한 삶을 우선 타자화하면서까지 나 아닌 남으로 자신을 받아들이기 전에, 저 선들을 지워서 저 안의 수많은 나를 자유롭게 해주세요. 저 부적을 보고 난 후, 눈을 감고 하나, 하나씩 가로줄 세로줄을 머릿속에서 지워 내 봅니다.

지병의 고통을 뛰어넘어 지병과 마주할 수 있는 선생님을 뵙고 싶습니다. 오늘따라 3개월 시한부 판정을 받고 14년을 살다 간 어느 할아버지가 생각납니다.

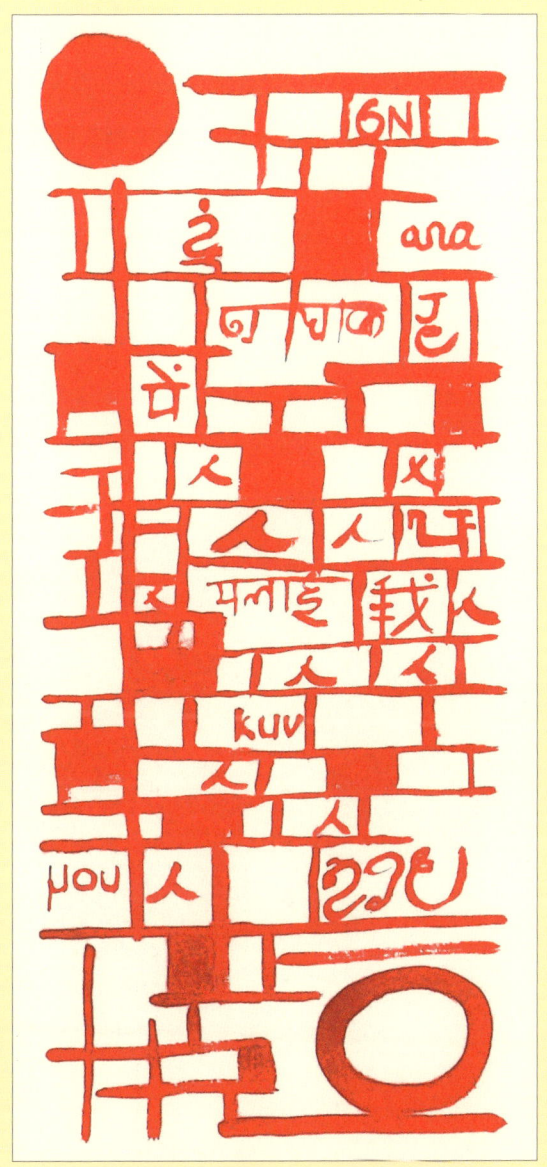

의뢰인을 위한 맞춤 부적 (해설은 본문 참고)

오래 살 선생님. 힘내세요. 자신을 사랑해 주신다면 아마 지병은 사라지지 않는다 해도 죽음은 절대 엄습하지 않을 것이고, 선생님 스스로를 인정 못 할 만큼의 슬픔 없이 행복하게 살아가실 겁니다. 원하는 만큼.

무병장수 기원 부적을 얹은 약함

* 염라대왕 그는 누구인가

인도 신화 속, 산스크리트어의 야마 혹은 야마라자의 음을 따서 염마라사(閻魔羅闍)라 읽고 앞 머리글자 둘을 줄여 염라라고 부릅니다. 우리에게 가장 친숙한 저승의 판관이지만 지옥의 시왕은 이 밖에도 아홉이나 더 있습니다. 염라는 제5 지옥인 발설지옥의 판관이면서 저승 시왕들의 우두머리입니다.

'옛날 옛날'로 시작하는 이야기에서 죽음이 등장하면 덩달아 떠오르는 인물이 염라대왕입니다. 죽어 저승사자도 무서운데 염라대왕 앞에 끌려가다니 상상하기도 싫습니다. 하지만 이야기 중에는 염라가 억울한 망자를 혹은 잘 못 끌려온 망자를 세상에 다시 돌려보내는 이야기도 있습니다.

사실 염라는 지옥에 처음 간 인간으로 알려져 있습니다. 죽음을 맞이한 후 천상 세계로 가는 길을 가장 먼저 발견한 인간이었던 염라는 길을 알려주는 자이고, 죽은 이가 현실에서 저지른 잘못을 판단하고 뉘우치게 합니다. 그래서 죄가 많은 망자는 지옥으로 보내고, 그렇지 않은 이는 천국으로 보내고, 선과 악이 비등비등한 망자는 다시 인간으로 태어나게 합니다.

세계의 모든 문화와 종교는 죽음 이후 심판과 환생에 대해 말하고 있습니다. 몸이 바뀌거나 해서 다시 태어나 완전히 새로운 삶을 사는 이야기에 우리는 매료되기도 합니다. 죽다 살아난 '스쿠루지 영감'은 전과는 다른 사람으로 삽니다. 사는 게 지옥이라는 사람도 봤습니다. 개똥밭에 굴러도 이승이 낫다는 속담을 믿는 사람도 있습니다. 염라대왕 앞에서 고를 수 있다면 천국으로 가시고 싶으십니까, 다시 인간으로 환생하고 싶으십니까.

8

마치며

더 가벼워야 할 당신의 삶을 위한
부적 레시피

8. 마치며

1. 편집 후기

    내 기억 속 최고의 부적은 한 통의 편지였습니다.
    전쟁이 한창일 때 한 병사는 참호 속에서 어머니가 보내온 편지를 받게 됩니다. 꼭 살아 돌아오라는 어머니의 기도를 눈물로 읽은 그는 편지를 꼬깃꼬깃 접어 군복 호주머니에 넣었습니다. 며칠 뒤 총알이 가슴으로 날아들었는데, 운 좋게 접힌 편지 덕분에 병사는 목숨을 구하고 고향으로 살아 돌아갔습니다.
    어릴 때 두 손 모아 들었던 그 이야기가 얼마나 허황된 것인지 코웃음이 나지만 나이를 먹어도 그 행운과 간절함에 대한 믿음은 쉽게 사라지지 않습니다. 어머니의 기도라면 지옥문 앞에서도 아들을 들어 올릴 수 있을 것이라는 믿음.
    나는 강철과 바위산을 접어 호주머니에 넣는 믿음으로, 손바닥 위에 놓인 이안이 그려 준 노란 종이 부적을 내려다봅니다.

저는 이안이 만신이라는 무시무시한 이름으로 불리기 전 작가 지망생일 때 만났습니다. 그는 다른 높이와 다른 밝기 속에서 세상을 보고 이야기를 들려주는 재능이 있었습니다. 이안의 소설 속 주인공들은 남산 꼭대기에서 희미한 가로등 빛을 받으며 도로로 몸을 굴려 내려왔고 네온사인이 스미는 좁은 방 투명비닐 장판 위에서 버텼고 미끄러졌습니다.

이안은 대학원 진학 전엔 요리를 연구했고 꽃을 공부했으며 그림을 그렸고 소리를 배웠다고 했습니다. 대학원에서는 글을 쓰고 인문학을 공부했습니다. 발터 벤야민을 공부하던 즈음, 박사과정 동기들이 파리 어느 '아케이드'를 약간은 낭만적 마음으로 거닐고 있었다면 이안은 그 시기를 훌쩍 넘어서 상투적이고 인습적인 주제들과 단절했다고 평가받는 보들레르와 퇴폐한 골목에서 조우하고 있었던 겁니다. 그는 불안과 예민, 불면, 한참을 앓고 앓기를 거듭합니다. 그러다 그는 상냥하고 청량한 소년으로 다시 돌아왔습니다. 그사이 너덜너덜해진 책과 두꺼워진 노트, 습작을 보여주며 좋은 평가를 내 놓으라 떼를 씁니다. 이유 없이 눈물 나게 안심되는 순간이었습니다. 이안은 길 위의 사람이었고 세상일에 미련이라고는 없어 보이는 학생이었지만 항상 최선을 다했습니다. 어떤 상황이든 그는 그렇게 스스로 치유하고 한 뼘 더 자랐습니다.

이안은 만신의 운명을 벗어나기 위해 노력했습니다. 이후엔 온전히 스스로를 받아들이기로 하고 만신으로 불렸습니다. 지켜보는 제겐 그 시간은 치열했지만, 슬픈 굴복이나 체념이기보다는 한 인간이 자신의 몸을 던지는 과정으로 보였습니다. 돌이켜보면 꽃을 꽂고 그림을 그리고 글을 쓰면서 그는 내가 나로서 살고 있다는 것을 증명하고 싶었던 것 같습니다. 내가 나를 끌어안고, 살기 위해 글을 쓰고 그림을 그리고 다독이는 몸짓을 한 셈입니다. 수천 가닥의 타래 속에서 내 목소리를 골라내고 지키려는 모습은 여느 편견 속에 굳어진 만신들과는 다른 것이었습니다.

   그는 참 열심히 삽니다. 그 누구라도 이안을 소중히 생각하는 사람이면 그가 너무 열심히 살지 않길 바라고 원하지 않게 눈에 띄어서 세상 부침을 겪지 않길 바랄 것입니다. 하지만 여전히 거짓말같이 진심으로, 죽도록 열심히 살고 투명한 속을 다 보여주고 외로움을 견딥니다. 저는 감히 절실함이 똘똘 뭉친 것이 이안이고 곧 그의 진정성이고, 울림과 공감이라 생각합니다.
   예술가의 자질도 이와 다르지 않습니다. 그가 부적을 그리고 쓰는 것은 타인을 위한 기도이면서 자신의 목소리를 확인하는 작업이라는 데 생각이 미치자, 그 부적들이 일회성으로 사라지는 것에 아쉬움이 일었습니다. 그때쯤『부적 레시피』는 저에게 들려 있었습니다.

   놀랍게도 그의 부적을 최근에야 하나 받았습니다. 저는 기독교

학교를 졸업하고 기독교 세례를 받는 동안 기도의 힘을 믿었습니다. 그렇다면 나는 부적의 힘도 믿는가 자문해 봅니다.

  이안의 부적을 코팅해서 보이는 곳에 올려두었습니다. 그의 부적은 모던하고 조형미가 뛰어나서 그림 같고 아이와 같은 천진함과 자신감이 넘칩니다. 모든 것에서 보이지 않아서 존재를 믿지 못하고, 믿지 않기에 볼 수 없었던 나는, 모순되지만 오감을 넘어서는 그 무언가에 대해, 그의 부적의 힘을 경험한 수많은 이의 경험담에 기대어 위로받고 있었습니다. 나는 이미 모든 것이 다 나아진 것 같고 가벼워져서 그저 신이 납니다. 나보다 더 간절한 마음으로 내 등에 짐을 내려주고자 기도하는, 저 만신에 대한 믿음이 있기 때문입니다.

  『부적 레시피』는 부적에 대한 일반적 정보와 의문에 대한 답을 담고 있습니다. 그리고 만신 '이안'의 다양한 만남과 이를 통해 이루어진 기도와 그 결과물을 보여줍니다. 그가 만난 사람들의 희로애락은 개개인의 삶이 다 중요하듯 하나하나 매우 특별하지만 결국 우리 모두의 삶을 관통하는 주제이기도 합니다. 정성을 다해 재료를 다듬어 쓰임에 맞게 준비하고 조화롭게 차려낸 음식을 바라보고 맛보듯 기록된 과정을 함께 나누기를 바라봅니다. 이 책의 부제는 '더 가벼워야 할 당신의 삶을 위해'입니다. 바람에 일렁이는 들풀이 주는 위로를 믿는다면 등 뒤에 이안이 있고, 당신이 알아채지도 느끼지도 못하고 살고 있겠지만 주변의 많은 이들이 당신을 바라보고 걱정하고 손 뻗을 준비가 되어 있음을 믿을 수 있을 것입니다. 책을 가지고 있는 것만으로도 가끔은 기분이 좋아지고 마음이 따듯해지면 좋겠습니다. 페이지를 들추다 다소 맵기도 하고 울컥하기도 하면 더 바랄 바 없습니다. 나만의 요리에 비법 소스가 궁금하다면 부적들을 눈여겨보시길 바랍니다. 당신의 간절한 마음이면 총알을 막는 종이를 가질 수 있을 것이므로.

2. 미리보는 서평

  그의 글 속에 등장하는 전직 승무원이자 착한 딸, 좋은 엄마 코스프레를 하다 지쳐 "도망친 엄마"가 되어버린 그녀처럼 나도 늘 그러했다. 아니 지금도 여전히 가면을 쓰고 살아간다. 하지만 그게 나쁜가? 그는 그렇지 않다고 말한다. 끊임없는 자책 속에서 그를 여러 번 만난다. 그의 글은 다시 살아갈 힘을 얻을 수 있는 공간이 된다.

- 대치동 독자

  어떠한 것의 가치. 모든 것에는 당연히 존재해야 하는 이유와 가치가 있겠지만 막상 살아가다 보면 대상의 가치를 제대로 안다는 게 쉬운 일이 아님을 알게 된다. 급진적 예술가. 사실 많은 이들이 무당 혹은 만신으로써의 이안의 역할과 가치에 대해 알고는 있겠지만, 그것이 누군가에게 실제로 적용되는 것. 프로페셔널 상담사이자 퍼포먼서, 커뮤니티 아티스트로서의 이안의 활동을 직접 보는 것은 또 다른 이야기이다. 이 책은 그의 직업이 가지는 신비로움을 추상적으로 표현하는 것보다 인간 이안을 조망하고 있다.

- 오종원. 잡지사 큐레이터

사람을 진심으로 대하는 그 고운 심성이 그대로 드러나서 참, 당신답다. 그래서 그때도 지금도 그렇게 따뜻했구나 싶다. 보기만 해도 마음이 편안해지는 품이 아주 커다랗고 묵직한 항아리처럼 그의 글은 아주 넉넉하다. 꾸짖을망정 내게서 등을 돌리지는 않겠구나. 내가 가진 것들로 함부로 날 판단하거나 비난하지 않겠구나. 그러한 확신이 드는 그 사람만이 쓸 수 있는 글이다. 이 생각 하나만으로도 이미 충분히 위로가 되어주는데 더 이상 무슨 말이 필요할까.

– 박선영. 대학강사

　이안의 부적은 로스코의 그림보다 견고합니다.
　죽음을 알고 있되 사람을 향하고 있으니까.
　태초부터 우리 모두는 이어져 있다는 것을, 그래서 서로 아낄 수 있다는 것을,
　태연하고 강렬히 말하고 있으니까, 그 믿음 속에 기원을 담으니까.

– 김여주. 사업가

본문 중 보셨던 기도를 담은 부적 굿즈가 궁금하셨다면 아래로 문의 바랍니다.

https://smartstore.naver.com/dalice/
드엘리스

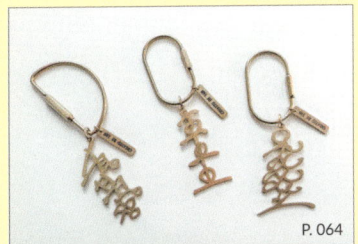

P. 064

P. 156

P. 124

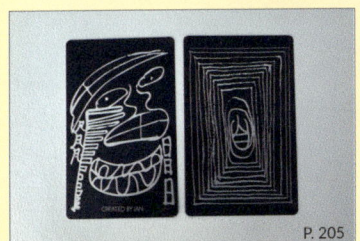

P. 205

P. 205

더 가벼워야 할 당신의 삶을 위한
부적 레시피

발행 2024년 1월
작가 이안
편집 김혁
발행처명 숨을 쉬다
출판등록 제2023-000247호
주소 04091) 서울 마포구 독막로28길 10 b101-623
대표 전화번호 02.595.2236
Email formysoom@gmail.com

- 이 책의 전부 또는 일부 내용을 재사용하려면 반드시 사전에 저작권자의 동의를 받아야 합니다.
- 인쇄·제작 및 유통상의 파본 도서는 구입하신 서점에서 바꿔드립니다.
- 책값은 뒤표지에 있습니다.
- 검인생략